石河子大学哲学社会科学优秀学术著作出版基金资助
石河子大学"中央财政支持地方高校改革发展资金"重点学科项目资助
新疆生产建设兵团哲学社会科学基金项目（项目编号：16YB12）

兵团高等教育供给侧结构性改革与产业结构升级的适应性研究

徐秋艳　著

www.waterpub.com.cn

·北京·

内 容 提 要

　　本书主要对兵团高等教育供给侧结构与产业结构的互动关系进行了测算与检验,然后运用耦合度模型、协调度模型对兵团高等教育供给侧结构与产业结构升级的协调性进行分析,在借鉴发达国家高等教育结构改革成功经验的基础上,对兵团三所高等院校及用人单位的实地调研数据进行分析,得到相应的结论,并提出总体思路与改革措施。

　　本书的创新之处:一是以兵团高等教育供给侧结构性改革与产业结构升级的适应性研究为论题,开创了新的研究视角;二是通过量化分析的角度探讨适应兵团产业结构升级的高等教育供给侧结构性改革措施。

　　本书适合有经济学、管理学及教育学相关背景的读者阅读。

图书在版编目（ＣＩＰ）数据

兵团高等教育供给侧结构性改革与产业结构升级的适
应性研究 / 徐秋艳著. -- 北京 : 中国水利水电出版社,
2021.9
　　ISBN 978-7-5170-9863-8

　　Ⅰ. ①兵… Ⅱ. ①徐… Ⅲ. ①生产建设兵团－高等教
育－教育改革－研究－中国②生产建设兵团－高等教育－
产业结构升级－研究－中国 Ⅳ. ①G649.21

中国版本图书馆CIP数据核字(2021)第169906号

策划编辑：杨庆川　　责任编辑：王开云　　封面设计：梁　燕

书　　名	兵团高等教育供给侧结构性改革与产业结构升级的适应性研究 BINGTUAN GAODENG JIAOYU GONG-JI CE JIEGOUXING GAIGE YU CHANYE JIEGOU SHENGJI DE SHIYINGXING YANJIU
作　　者	徐秋艳　著
出版发行	中国水利水电出版社 （北京市海淀区玉渊潭南路 1 号 D 座　　100038） 网址：www.waterpub.com.cn E-mail: mchannel@263.net（万水） 　　　　 sales@waterpub.com.cn 电话：（010）68367658（营销中心）、82562819（万水）
经　　售	全国各地新华书店和相关出版物销售网点
排　　版	北京万水电子信息有限公司
印　　刷	三河市华晨印务有限公司
规　　格	170mm×240mm　　16 开本　　9.75 印张　　134 千字
版　　次	2021 年 9 月第 1 版　　2021 年 9 月第 1 次印刷
定　　价	55.00 元

前　　言

近年来，新疆生产建设兵团（简称"兵团"）高等教育规模虽有所扩大，但高校的很多供给是"无效"的，所培养的人才远远不能满足社会和经济发展的需求，致使部分行业人才奇缺和人才过剩并存的现象凸现，兵团高等教育结构严重影响着产业结构升级进程的快慢，所以急需以兵团产业结构升级为依据，加强高等教育的供给侧结构性改革，这对于促进兵团全面可持续发展无疑具有重要的战略意义。

本书以"理论研究→实证研究→政策建议研究"的研究逻辑，首先介绍了本书的选题背景和意义、国内外研究现状以及研究内容、思路与方法，为后续研究打下基础。其次，本书对相关概念和理论基础进行了阐述，主要分析了高等教育结构与产业结构的互动机理。再次，对兵团高等教育供给侧结构与产业结构现状进行了初步分析，在此基础上，对兵团高等教育供给侧结构与产业结构的互动关系进行了 Moore 值计算、灰色关联度测算及格兰杰因果关系检验，之后，通过高等教育供给侧结构与产业结构升级的指标体系构建，运用耦合度模型、协调度模型对兵团高等教育供给侧结构与产业结构升级的协调性进行分析，继而，借鉴发达国家高等教育结构改革的成功经验，进一步对兵团三所高等院校及用人单位的实地调研数据进行分析，得到相应的结论，针对结论提出适应兵团产业结构升级的高等教育供给侧结构性改革的总体思路与措施。

本书的创新之处在于：第一，研究视角创新。与以往高等教育结构与产业结构的相关研究不同，本书以兵团高等教育供给侧结构性改革与产业结构升级的适应性研究为论题，开创了新的研究视角。第二，研究可得出一些较为新颖的结论。本研究基于高等教育供给侧结构性改革与产业结构升级的关系实证分析探讨适应兵团产业结构升级的高等教育供给侧结构性改革措施，不同于仅从高等教育供给侧结构性改革理论探讨而提出的建议与措施。

本书主要是在笔者主持的兵团社科基金项目"兵团高等教育供给侧结构性改革与产业结构升级的适应性研究"（项目编号：16YB12）的基础上经过整理加工所形成的。本书能顺利出版要感谢周保平教授在实地调研中给予的帮助，感谢杨静老师、王中伟老师在研究过程中给予的支持,感谢房胜飞、张秋炜、西力艾里•要勒巴司在数据收集、整理与分析及撰写过程中提供的帮助,感谢邵秀花、纪鑫、赫涵在文献调研与实地调研中给予的帮助!

由于研究水平有限,不当之处在所难免,诚恳欢迎专家和读者批评指正,并提出宝贵意见。

作 者
2021 年 5 月

目　　录

第 1 章　导论

1.1　选题背景和意义

1.1.1　选题背景

长期以来，许多学者试图对高等教育的发展规律做出一个圆满的解释，譬如中国厦门大学的著名教育家潘懋元教授基于他对高等教育的研究，就提出"高等教育要受经济、政治、文化等的制约，并对社会的经济、政治、文化等的发展起作用"。然而，不管是何种解释，高等教育的发展始终无法离开经济因素的影响。当然，在高等教育发展的不同阶段，经济因素所起的作用是不同的。伴随着经济社会的不断发展，高等教育实现跨越式大发展，也引发了一系列社会问题，如"大学生就业难""学非所用"，甚至"学而无用"等各种教育专业与职业岗位相脱钩的现象，被称为"教育性失业"或"结构性失业"。这些问题的本质在于高等教育人才培养模式与现阶段的产业发展状况存在很大的不相适应，那么，高等教育的学科专业该如何设置？其结构怎样调整才能适应产业升级变化？这是亟待解决的问题。

习近平主席在主持召开中央财经领导小组第十一次会议时提出"在适度扩大总需求的同时，着力加强供给侧结构性改革，着力提高供给体系质量和效率，增强经济持续增长动力"，供给侧结构性改革成为我国未来一段时期经济改革的总思路，涵盖经济和社会领域，教育属于社会领域，其不仅攸关自身发展，也影响经济社会发展大局。原教育部部长袁贵仁指出，中国高校的转型发展实质上就是中国高等教育供给侧结构性改革。丝绸之路经济带倡议的提出，为新疆经济发展注入了生机与活力，也为兵团经济发展带来了巨大的机遇和挑战，有力地促进了兵团产业结构的升级。近年来，兵团高等教育规模虽有所扩大，但高校的很多供给是"无效"的，所培养的人才远远不能满足社会和经济发展的需求，致使部分行业人才奇缺和人才过剩并存的现象凸现，高等教育结构严重影响着产业结构升级进程的快慢，所以急需以兵团产业结构升级为依据，加强高等教育的供给侧结构性改革，这对于促进兵团全面可持续发展无疑具有重要的战略意义。

1.1.2　研究意义

（1）理论意义。

通过分析兵团高等教育供给侧结构性改革与产业结构的互动关系及协调性，进一步理清产业结构升级与高等教育系统内部各结构调整之间的关系，有利于丰富供给侧结构性改革成果与产业结构研究成果。

（2）实践意义。

本书的研究有助于认识兵团高等教育结构与产业结构关联发展的现实不足和内在规律，研究成果不仅能够为兵团相关部门的决策提供有益的实证参考，而且有助于促进教育资源的合理配置，推动兵团的科技创新，促进社会经济可持续发展。该书的研究也对兵团供给侧结构性改革提供借鉴指导和量化参考依据，并且有利于兵团产业结构的升级。

1.2　国内外研究综述

1.2.1　国内外研究现状

（1）高等教育结构的研究。

关于高等教育结构的研究国外比国内早。马丁·特罗作为具有代表性的学者之一，在其著作中从多个角度研究高等教育的结构问题，创造性地提出高等教育必须经历精英化、大众化、普及化三个发展阶段。伯顿·克拉克（1994）率先提出高等教育结构"多元化"的思想，为高等教育层次结构和科类结构的多元化奠定了基础。英国学者 Michael Shattock（1987）在《高等教育的结构和管理》一书中，介绍了英国、美国和法国等发达国家高等教育的结构和管理的历史、现状和理论。关于高等教育结构的研究，他认为高等教育越发达，越具有多样性，就越需要在全国和地区进行协调，形成多元化、统一的高等教育体系。

之后一些学者进行了进一步研究，代表性的学者有齐祖亮等（1986）通过运用结构功能对其科类、层次及内部结构等的阐述，为我国建立社会主义高等教育体系奠定了基础，在此基础上张德祥（2009）从制度角度对我国高等教育层次结构、形式结构、布局结构、科类结构进行分析，提出强制性制度的变迁是我国高等教育结构变化的直接原因。朱艳（2015）认为高等教育结构变迁的方向与路径主要取决于中央政府、地方政府、市场和大学的多重制度逻辑及其相互作用，褚宏启（2015）则认为新型城镇化背景下，教育体系重构需调整职业教育、高等教育、继续教育的专业设置，完善教育体系的课程学科结构。传统教育的跨越式、粗放型发展带来了诸多难题和困境，高等教育供给侧结构性改革则是高校实现向应用型的"真转""实转"的重点（龚森，2016）。彭静雯（2017）通过实证研究发现经济发展对高等教育的结构发展的影响较为明显，区域间壁垒的存在则是高等教育结构与区域经济的协调及可持续发展的重要阻碍。对于影响高等教育的发展结构的研究，黄帅（2018）基于法国高等教育发展结构历史演进过程，发现阶段性的政策规划和财政倾斜有助于迅速提升高等教育水平，并认为保持行政权力与学术权力之间的平衡是维持高等教育持续发展的关键，人口规模、财政支持、经济收入始终对美国高等教育布局结构产生重要影响（韩梦洁，2019），而主体功能区理论是促进我国各地高等教育布局结构的调整、学科建设和教育资源的合理配置的重要战略（郭英，2018）。

对于高等教育结构的研究，我国不少学者从省域角度探究高等教育结构。首先探究了区域经济的发展与高等教育结构之间的关系，如王秀芳（2014）通过分析安徽区域经济发展的现状及高等教育结构的现状认为，安徽省经济的转型要求建立起合理科学的高等教育结构，为安徽加速崛起培养各层次、各类型的人才。付明、祁晓（2015）对黑龙江省高等教育的发展现状进行了定量的分析，结果显示高等教育的发展规模与区域经济发展水平之间具有高度相关性。之后杨青新、王素红（2016）以河南省为例，提出要合理调整河南省高等教育的结构布局，科学优化高等教育学科专业设置，主动适应区域经济社会的发展需要。彭静雯、肖岚（2017）通过对江西省高等教育结构与区域经济之间的协调程度的研究，得出各区域的经济发展对高等教育的结构发展贡献非常显著。不仅区域经济的发展对高等教育的结构有很大贡献，而且经济增长可以促进高等教育的发展，如刘涛（2016）以山东省为研究对象，借助 VEC 模型阐释了高等教育与经济增长的动态关系，表明三大产业在不同程度上对高等教育的发展有一定的影响，张硕、孟佳娃（2019）以吉林省为研究对象，研究表明经济增长促进了高等教育层次结构的调整，之后学者袁礼等（2018）对福建省高等教育结构现状展开实证分析，认为层次结构、区域结构、形式结构和科类结构存在问题，影响了高等教育的发展。

（2）关于教育供给侧结构性改革的研究。

目前关于教育供给侧结构性改革的研究主要集中于理论研究，多数学者认为教育领域的供给侧结构性改革一方面是提高教育供给端的质量、效率和创新性，另一方面是优化教育供给结构问题。对此，刘云生（2016）认为教育供给侧结构性改革要建立以深层矛盾为导向的教育优先供给机制，以双管齐下为策略的教育短板补充机制，以主动为取向的教育尺度衡量机制，袁广林（2016）因此提倡对我国高等教育供给侧进行结构性调整和内涵建设，进一步优化结构、提高质量，以新供给满足产业结构转型升级的新需求，促进我国经济发展方式的转型升级和高等教育持续健康发展。姜朝晖（2016）也提出类似的观点：以供给侧改革引领高等教育发展，着力推动高等教育结构调整、质量提升、效益增长、创新发展，另外，李莉等（2016）认为高等教育作为人才供给侧结构改革需要从人才培养机制建设上主动适应新常态下高等教育的发展变化。对于高等教育供给侧结构性改革的目标、内容和路径的研究，陈正权、朱德全（2017）认为必须对高等教育供给侧进行改革调整和内涵建设，进一步优化结构、提高质量和强化创新。同样地，刘慧卿、赵劲（2018）认为我国高等教育也需要进行深刻的供给侧结构性改革。

从省域层面的研究来看，以福建省为例，贺芬、何碰成（2016）发现高等教育与区域经济发展不匹配，认为福建也应重视高等教育供给侧结构性改革；以四川省高校为例，吕晶晶（2018）提出通过对供给端进行改革和创新，不断增强产业竞争力。赖星华（2019）从需求侧视角出发，认为广东省河源市的高等教育发展远远落后于当地民众和社会的需求，亟须进行供给侧结构性改革。而郑艳（2019）的研究提出利用教育供给侧改革为河北地区经济增长提供新动能，提升其高等教育供给侧改革水平。从新疆来看，也存在着高等教育供给端结构不合理的情况，燕晋峰等（2013）研究发现新疆高等教育结构与劳动力市场需求不相适应的情形，新疆的高等教育供给侧改革应当放在供给侧改革的突出位置。

李玉华（2016）则认为高等教育供给侧改革的着力点在于破解大学发展难题，这些问题不仅包括内在理念，也包括外在体制。程书强（2016）则认为高等教育领域综合改革，要适应经济社会发展需要，解决供给与需求的结构性矛盾。张敏（2016）认为尤其在就业视域下，推进高等教育供给侧结构性改革更显紧迫。而随着社会人才需求大方向的改变，高等教育供给侧改革应跨越普通高校与企业之间存在的界限，促进教育部门、企业、普通高校之间的联系，实现产教融合发展（李红，2017）。推动产教融合是高校培养新型应用型人才的需求（夏素霞，2019），在地方高校产教融合中，提出应推进地方高校产教融合的模式创新（唐杰，2018）。

社会经济的不断发展使得高等教育院校原有的供给制度已老化，高等院校的专业设置无法满足市场的需要，这必然会阻碍社会经济的发展（王颖，2018）。因此，深化高等教育供给侧改革，推动产学融合向更高层次发展，实现产学共赢互赢，达到高校与产业发展的结构性平衡，是当前高等教育发展的重心（谢冠华，2018）。

（3）关于高等教育与产业结构相互关系的研究。

国外关于以上两者关系的研究主要体现在高等教育对经济增长的影响上，Gemmel(1996)研究发现高等教育只对发达国家经济增长的贡献较大，发展中国家经济增长则与初等或中等教育关系较大。而 Gunasekara(2004)在非均衡增长理论的指导下，提出了高等教育不仅对区域内经济的发展具有重要推动作用，而且对于促进产业结构的转型升级也发挥了重要作用，高等院校是技术型企业的发展的人才供给基地，而高校所培养出来的人才类型受学科专业结构影响，因而高等院校的学科结构对产业结构有着重要影响（Rakesh Basan，2010）。但是，Clark Kerr（1982）提出劳动力数量随着国家经济的波动而产生变化，集中表现在产业结构的变动中。通过对比韩国和经济合作与发展组织中其他国家的知识密集型产业，Jin 和 Kang（2006）提出该类产业的性质决定其对知识和智力的依赖度较高，该行业中，劳动者的收入与其受教育水平挂钩，因而能够吸引大量高知水平的劳动者，进而促进了产业结构的调整。有学者以印度为研究对象，提出高等教育所培养出来的高素质人才能够满足高新技术产业对于高层次人才的需求，高等教育能够有效促进高新技术产业的形成和发展（Patibanala，1993；Dossani，2008）。

而国内学者认为高等教育结构调整与产业结构转型有着密切的联系（吴明洪，2017），教育层次和产业结构之间存在着一定的适应关系，产业结构决定了高等教育的学科与专业结构（王成端、王石薇，2017），高等教育对产业结构升级具有促进作用（何菊莲等，2013），王燕等（2016）也认为作为社会功能结构的组成部分，高等教育结构的变化必然受到产业结构变迁的影响，具体反映在经济与产业的发展对毕业生择业具有显著影响（岳昌君，2017）。许多学者研究发现当前我国高等教育的人才培养结构与产业结构出现了错位，高等教育培养的人才应满足产业发展所需（李英等，2007），也有学者发现我国高等教育自身结构的问题逐渐凸显，与产业结构升级的根本性要求有一定的差距（杜传忠等，2014），应以产业结构调整优化升级为支点，优化学科专业结构、高等教育发展格局、高等教育层次结构及人才培养模式，以更好地推动经济发展方式的转型（刘瀑，2010）。刘忠京（2016）通过实证研究发现我国高等教育结构与产业结构间处于勉强协调阶段，且这种协调度在不同经济发展地区表现出显著的差异性。苏丽锋（2016）则认为产业结构调整背景下，市场拉动了技术型人才需求的增长，而专业结构与市场需求的不匹配是导致就业困难的重要原因。对此，高校学科结构调整应以产业结构人才需求为导向，加强政府与高校之间的联系与合作，实现劳动力市场与产业结构的远期动态吻合（雷云，2017；姚静，2017）。姜璐等（2018）基于系统耦合关系视角测算 2005 年至 2016 年我国高等教育结构与产业结构的变动关系，发现两者之间存在互动与共变关系，且关系正处于从磨合阶段向提升阶段的临界点。熊枫等（2019）则认为高等教育专业结构的设置是与社会经济发展紧密联系的重要枢纽，提出高等教育学科专业结构的设置对产业发展有重要影响，反之产业发展也决定高等教育学科专业的设置。杨胜利等（2019）对我国 1999—2015 年高等教育结构、产业结构与大学毕业生就业情况及变动趋势进行了分析，研究表明三者间存在互相影响的关系。

对于高等教育、就业结构与产业结构相互关系的研究，我国学者以就业为枢纽，研究高等教育、就业结构与产业结构之间的关系，进而探求高等教育与产业结构之间的深层次关系。首先学者漆向东（2005）认为教育结构、就业结构与产业结构之间存在着关联性，教育结构的改革应当与产业结构的调整相适应，就业结构的优化既要实行产业导向，又要反映产业结构升级的要求。随后，金福子、崔松虎（2009）运用教育结构、产业结构、就业结构的相关性理论，以河北省为例，认为三者关系紧密且互相影响。马力（2016）也提出相似的观点，以基于经济增长的内生化视角，围绕高等教育结构、就业结构、产业结构三者的辩证关系，得出三者都有各自的演进规律，又相互作用影响。为从根本上解决大学生就业难题，需要不断推进产业结构的优化升级与高等教育的改革创新（马云泽、吴昊坤，2011）。李长安（2016）也认为要解决当前大学生"就业难"的问题，除了要大力调整投资结构外，还要大力发展高等教育，高等教育结构与产业结构的协调适应是促进大学生就业的重要因素（郝雷，2017）。

不少学者从高等教育层次结构和学科结构出发，研究了高等教育结构与产业结构升级之间的关系。第一，对于高等教育层次结构与产业结构升级之间的研究，周健（2008）认为我国高等教育层次结构与产业结构优化的需求不相匹配，需要加快高等教育层次结构的改革来适应产业结构的升级。郑艳等（2017）则以河北省为研究对象，研究表明产业结构的调整对于高等教育层次结构变化的影响较大，但高等教育层次结构变迁对于河北省产业结构调整的影响相对较小。第二，关于高等教育学科结构与产业结构的研究，学者以省域为研究对象，发现学科结构的失调导致高校培养的人才不能与产业发展所需的人才相匹配，从而导致了高等教育培养的人才不能更好地服务于社会经济发展（闫卫华、蔡文伯，2010；董莉，2010；吴雯雯、曾国华，2015）。因此，要使高等教育学科结构与产业结构能有效促进地方社会经济发展，应加强政府部门和高校的统筹规划，做好社会人才需求预测，调控学科发展规模，支持新兴产业相关专业建设（徐渡安，2019），以高校协同为依托，促进基础学科和应用学科和谐共生（王成端、王石薇，2017）。

1.2.2　文献述评

通过对高等教育与产业结构相互关系研究的文献进行梳理，发现国内外学者已经在该领域取得了一定的研究成果，并且这些成果具有重要的学术价值和实践意义，同时也为本书的研究提供了理论基础和借鉴意义。随着大众化进程的不断加深带来的高等教育结构化矛盾日益凸显，我国学者关于此问题的关注度也在不断提高，但是结合高等教育供给侧结构性改革与产业结构升级的关系研究却是严重缺失的。本书旨在根据兵团的实际，在借鉴国内外相关研究理论的基础上，结合量化分析的方法对两者的适应性展开分析研究。其研究成果可以弥补相关研究的不足。

1.3 研究内容、思路及方法

1.3.1 研究内容

本书在参考大量文献的基础上，通过分析兵团高等教育供给侧结构性改革与产业结构的互动关系及协调性，并针对兵团地区高等教育供给侧结构性改革与产业结构发展所存在的问题，为实现兵团教育资源的合理配置与与产业协调发展提供建议，本书分为八部分内容，其结构安排如下：

第一部分主要介绍本书的选题背景和意义、国内外研究现状、研究内容、研究思路和研究方法。第二部分主要对高等教育与产业结构的相关概念进行了界定，并阐述了产业结构与高等教育结构关系的相关理论基础。第三部分主要分析兵团高等教育结构发展状况和产业结构现状，提出高等教育供给侧结构性改革的必要性，在此基础上进行第四部分的兵团高等教育供给侧结构与产业结构的互动关系研究，然后进行第五部分的兵团高等教育供给侧结构与产业结构升级协调性研究，该部分主要构建综合评价指标体系，运用协调度模型进行实证研究，接着借鉴第六部分的发达国家高等教育结构的成功经验，并进行第七部分的兵团高等院校及用人单位的个案研究，最后针对上述分析的结论，提出第八部分的适应兵团产业结构升级的高等教育供给侧结构性改革措施。

1.3.2 研究思路

本书以高等教育与产业结构的相关理论为研究基础，针对兵团自身的发展实际，以兵团高等教育供给侧结构和产业结构升级为研究对象，探究其发展现状以及二者的互动关系，在此基础上，深入剖析兵团高等教育供给侧结构和产业结构升级的协调性，借鉴发达国家相关成功经验，同时对兵团高等院校及用人单位进行个案研究，提出适应于兵团产业结构升级的高等教育供给侧结构性改革措施。

1.3.3 研究方法

（1）归纳和演绎的研究方法相结合。通过文献调研，在系统整理相关领域的国内外理论综述的基础上，对兵团高等教育供给侧结构和产业结构的互动关系进行分析，主要从层次结构对高等教育结构供给侧与产业结构的关联进行研究。

（2）理论分析和实证分析相结合。本书通过构建兵团高等教育供给侧结构和兵团产业结构升级两个系统的综合评价指标体系，运用协调度模型，对兵团高等教育供给侧结构与产业结构协调性进行实证研究。

（3）文献调研研究。通过文献调研，梳理国内外研究现状，并对发达国家高等教育结构的成功经验进行阐述。

（4）实地调研研究。通过对三所高校及用人单位进行实地调研，获取第一手资料，进行个案研究。

第 2 章 相关概念界定及理论基础

2.1 相关概念界定

2.1.1 高等教育含义

高等教育是指在完成高级中等教育基础上实施的教育，包括学历教育和非学历教育，采用全日制和非全日制教育形式。高等教育的任务是培养具有社会责任感、创新精神和实践能力的高级专门人才，发展科学技术文化，促进社会主义现代化建设。

结合兵团的实际状况，本书中所指的高等教育界定为在完成高级中等教育基础上实施的全日制专科、本科教育和研究生教育。

2.1.2 供给侧结构性改革的含义

供给侧结构性改革是指从提高供给质量出发，用改革的办法推进结构调整，矫正要素配置扭曲，扩大有效供给，提高供给结构对需求变化的适应性和灵活性，提高全要素生产率，更好地满足广大人民群众的需要，促进经济社会持续健康发展。其根本目的是提高社会生产力水平。

2.1.3 高等教育供给侧结构性改革的含义

高等教育供给侧结构性改革是从经济学领域引申而来的，我们可将高等教育供给侧改革界定为从提高培养人才的质量出发,用改革的办法推动高等教育结构调整,合理配置教育资源要素,提高高等教育结构对产业结构升级的适应性,提高教育供给效率,更好地满足众多的学生以及相应产业的需要,促进我国高等教育事业蓬勃发展。

从供给结构来看,高等教育供给结构是指高等教育系统的内部构成状态。按照我国学者潘懋元、王伟廉的界定,高等教育供给结构包括五个方面的内容:学科专业结构、高等教育类型结构、高等教育层次结构、高等教育布局结构和高等教育体制结构。从高等教育学科专业结构来看,受国民经济体系结构、技术结构和产业结构等需求层面的影响,其可分为工科、农科、林科、医药、师范、理科、财经、政法、体育、艺术、管理、文科、军事大类。科类结构是高等教育培养专门人才的横向结构,规定着高等教育培养人才的品种与规格;从高等教育类型结构来看,包括普通高等教育、职业教育、技术教育等,亦可分为研究型教育和应用型教育。根据形式结构可分为全日制、非全日制两种形式和综合大学、单科大学、短期大学、教育学院等以及国家办、地方办、民办不同类型的高校;从高等教育供给的层次结构来看,其可划分为高等专科教育、本科教育、研究生教育,高等教育层次结构主要由国民经济技术结构所决定,国民经济技术结构对不同层次人才的需求直接影响着高等教育在专科、本科、研究生教育三个层次的比例与结构;高等教育布局结构,主要是指不同层次、不同科类、不同形式的高校在不同地区的数量分布状况及构成,即布局结构。

依据研究目的和研究目标,本书所考察的高等教育供给侧结构主要涉及类别结构、层次结构、学科和专业结构、布局结构。

2.1.4　产业结构的含义

在我国学界一般把产业结构定义为产业间的关系,指的是在社会再生产过程中,国民经济各产业之间的生产技术经济联系与数量比例关系。这一概念有以下含义。

（1）产业结构是在社会再生产过程中形成的。

（2）产业结构是以国民经济为整体，以某种标志将国民经济分为若干个产业。

（3）产业之间的生产技术经济联系主要反映产业间相互依赖、相互制约的制度和方式。其中：

产业间的生产联系，是指每一产业的经济活动依赖于其他产业的经济活动，以其他产业部门的产出或成果作为自己的生产要素的投入；同时又以自己的产出或成果，直接或间接地为其他产业部门的生产服务。

产业间的技术联系，是指每一产业的技术发展都直接或间接地影响或受影响于其他产业的技术发展。

产业间的经济联系，是指产业之间的生产联系的紧密程度和范围，直接取决于该产业与其他产业之间在一定交换关系中的经济利益关系，它通过产业间产品或劳务的交换关系体现出来。

（4）产业间的数量比例关系，首先，反映的是各类经济资源在各产业间的配置情况，如资金、劳动力、技术等生产要素在各产业之间的分布；其次，反映的是国民经济总产出在各产业间的分布情况，如一定时期内的总产值、总产量和劳务、利税在各产业间的分布。

要研究产业结构关系还得将产业结构分类，可以按照不同的研究角度有不同的分类。主要有以下三类：

第一种分类是三次产业分类法。以经济活动与自然界的关系为标准将全部经济活动划分为三大类，即第一产业是指直接从自然界获取产品的物质生产部门，第二产业是指加工取自自然界资源的物质生产部门，而将从第一、第二产业的物质生产活动中衍生出来的非物质生产部门划分为第三产业。根据这一划分标准，第一产业是指广义上的农业，主要包括种植业、畜牧业、渔业、狩猎业和林业；第二产业是指广义上的工业，主要包括制造业、建筑业、采掘业和矿业以及公共事业（煤气、电力、供水等）；第三产业是指广义上的服务业，其活动是为了满足人们生活中不同于物质需要的需要，主要包括运输业、通信业、商业贸易、金融业、房地产业、餐饮业、旅游业、娱乐、生活服务、文化教育、科学、新闻传播、公共行政、国防等。

第二种分类是标准产业分类法。标准产业分类法是为了统一国民经济统计的口径而产生的，由权威部门按统一口径对产业进行划分。具体分类见表2-1。

表2-1　国民经济行业分类与代码（2011）

GB/T 4754-2011	类别		
门类	大类	中类	小类
A.农、林、牧、渔业	6	23	60
B.采矿业	7	19	37
C.制造业	31	178	532
D.电力、热力、燃气及水的生产和供应业	3	7	12
E.建筑业	4	14	21
F.批发和零售业	2	18	115
G.交通运输、仓储和邮政业	8	20	40
H.住宿和餐饮业	2	7	12
I.信息传输、软件和信息技术服务业	3	12	17
J.金融业	7	21	29
K.房地产业	1	5	5
L.租赁和商务服务业	2	11	39
M.科学研究和技术服务业	3	17	31
N.水利、环境和公共设施管理业	3	7	21
O.居民服务、修理和其他服务业	3	15	23
P.教育	1	6	17
Q.卫生和社会工作	2	10	23
R.文化、体育和娱乐业	5	25	36
S.公共管理、社会保障和社会组织	6	14	25
T.国际组织	1	1	1
合计：20个	100	430	1096

第三种分类是生产要素集约程度分类法。任何一种经济活动，都要投入一定

的生产要素。根据不同产业在生产过程中对主要生产要素（劳动、资本、技术）依赖程度的差异，可将国民经济各产业划分为劳动密集型产业、资本密集型产业、技术密集型产业三种。

2.2　产业结构与高等教育结构关系的相关理论基础

2.2.1　产业结构与人才培养

研究表明，高等教育的发展与经济发展具有高度相关性，一个国家或地区的经济发展必然带动当地产业的发展。不同经济发展阶段的产业发展有不一样的主导产业，对高等教育所培养人才的需求也有所侧重。高等教育所培养出来的人才是以各个产业所需求的人才规模和种类为目标的，以此来服务经济发展和促进社会进步。

（1）产业结构决定人才培养结构。

第一，产业结构的演进决定人才结构的演进。

产业结构的演进到前工业化时期，这一时期第一产业产值在国民经济中的比重较大，但其地位开始不断下降，比重逐渐减少。人才培养也需根据人才在第一产业、第二产业和第三产业间的人才需要进行调整与转变，在这一阶段，人才结构的调整方向应以第一产业所需人才为主要目标，但又不能总是培养第一产业所需的人才，应该是培养多数与农业相关的专门人才和向培养第二产业相关的人才转变；当产业结构发展到工业化中期阶段，第二产业有较大发展，工业重心从轻工业主导型逐渐转向基础工业主导型，这时，人才结构调整的目标是培养适合基础工业需要的专门人才，同时也应培养部分适合第三产业发展的人才，这样才能适应社会经济的发展；当产业结构步入第二产业占主导地位第三产业也有一定发展，但在国民经济中的比重还较小的工业化后期及第二产业的比重在三次产业中的地位占有支配地位，甚至占有绝对支配地位的后工业化时期。这个阶段，产业知识化成为主要特征，人才结构又应该跟随产业结构调整步伐，采取措施，做出适当的调整，人才结构应朝着培养第三产业包括通信、计算机、金融业、服务业等行业所需制订人才培养方案，调整人才结构，否则，人才结构不合理，高校培养的人才就不能满足社会各行各业的需要，势必造成社会资源的浪费和人才的浪费。产业结构的发展就总是沿着一个由低级向高级走向高度现代化的发展进程。人才结构的调整与转变也应该遵循产业结构的演变进程。

第二，产业结构的升级促使人才结构的优化。

产业结构升级是指产业结构的调整向高级化和合理化方向配置，这就要求人才结构也应向着人才的高级化和合理化提升。产业结构升级的路径是以农业、原料工业和燃料动力工业、轻纺工业为主导等基础工业为重心向低度加工型的工业为主导，再向高度加工组装型工业为主导，最终向计算机软件、金融信息产业为主导的趋势发展。即由第一产业为主导到第二产业为主导，再到第三产业为主导的趋势发展。产业结构由低级向高级发展的各阶段是产业结构升级的规律，各阶段是不会自发产生自行逾越的，但通过人才的作用各阶段的发展时间可以缩短。从升级的进程看，后一阶段产业的发展总是以前一阶段产业的充分发展为基础。如，第二产业的发展是建立在第一产业劳动生产率大幅度提高的基础上，只有第一产业的劳动生产率得到充分的发展，第二产业的轻纺产业才能得到足够的资源顺利发展，而原料、燃料、动力等基础工业获得充分发展之后才能保证加工组装型重化工业的发展。同理，只有第二产业发展到足够充分，第三产业的发展才具有成熟的条件和扎实的基础。人才结构的调整也该顺应产业结构升级的路径，以三大产业的发展需求为目标，有计划有目的地优化人才结构、制定人才培养目标，培养适合每一产业发展阶段所需要的人才，使人才知识结构、职业素养、心理素养都得到提升。简单而言，在产业结构升级的情况下，产业从技术密集型向知识密集型转换，原有的产业会因技术和管理的进步对原有劳动力提出更高的要求，在聘用毕业生时也会有更高的期望值。这就在客观上要求高校和个人都做出应对措施。所以，产业结构的升级无形中也促进人才培养结构的优化，推动了高校加快人才培养类型的转换。

产业结构决定人才培养的结构，新兴产业基本上是在高科技产业建立起来的，而产业结构变动中新成长起来的产业，就需要掌握先进科学知识和技能的先进人才，无论这些人才是新加入劳动力市场的人力资源，还是从其他行业转移过来的人才，都需要通过教育特别是高等教育来完成对人才的培养。

（2）人才培养的结构影响产业结构升级。

第一，人才培养的滞后性延缓产业结构升级的同步进程。

人才是生产要素中最活跃的最主要的生产力因素，生产消费交换等各种经济活动都离不开人的参与。生产资料必须与劳动力按适当的比例配置，才能使生产正常进行。如果生产要素的配置比例不合理，就有可能会造成生产率的下降。人才培养的结构和质量水平是产业结构升级的基础，没有适合产业结构升级的合理人才结构作保障，仅依靠经济体制改革、产权关系的调整、产业政策倾斜很难带来生产要素与资源的合理配置，产业结构的合理化和高级化也难以实现。从哲学上看，人才的培养是一种实现人的全面发展和社会的全面进步的活动。人才不仅有经济功能也有社会功能，人才是社会进步的施动者，同时又是社会进步的受益者。但是人才培养具有滞后性，"十年树木，百年树人"，人才培养，尤其是高素质人才的培养都需要一个过程。人的认识是一个逐步从低级到高级的认知过渡，从未知到知之不多再到知之甚多的规律性过程，学习一种本领和技能需要从简单到复杂的过程，而产业是经济中很积极的分子，它受市场机制等活跃因素的影响，在社会经济中瞬间变换，永不停歇，而作为百年过程的人才培养过程势必无法与之完全同步，多少会延缓产业结构的进程。所以，就构成了人才培养的滞后性与产业结构升级不能同步发展这一矛盾。当然，即使人才培养与专业结构适应同步了，人才与岗位的匹配也是一个逐渐调整不断变化的动态过程，一两次分配和一两次流动不能很好地使人才与岗位达到最佳匹配。随着产业结构的升级，产业活动的各个因素都在发生变化。就人才培养的主体而言，随着个人年龄的变化，个人体质也会发生变化。随着学习时间、学习内容的增多及工作资历的增加会引起经验的变化，资质和知识技能的增长会引起智力的变化。人才的主观努力的程度如何、兴趣爱好的变化，能力发展方向的改变等，都会使人才的个人状况发生重大变化。

第二，人才培养的主观性和不平衡制约产业结构升级的客观性。

作为产业结构的主体而言，人才的培养是一个缓慢的过程，但是人总是处于积极主动的地位，具有主观能动性，也受主观意识，个人爱好的影响。知识作为生产要素直接投入生产过程，人的创造力和智力在生产过程中直接转化在产品中，形成高额的附加值，因此，人才的质量水平是决定这个转化成功与否的关键。但人才的培养总会是不平衡的，这种不平衡性表现在地域的不平衡，如中东西部不平衡，东部沿海地区经济发达，聚集了全国大部分优秀人才，中部地区聚集人才数量其次，而西部地区资源相对缺乏，经济欠发达，缺乏吸引优秀人才到西部成为经济发展和产业发展的有利条件；城乡间的不平衡，在城市尤其是一线城市就业的人才总会比在乡镇就业的人才多；产业与产业之间的人才发布的不平衡，如传统产业中人才"通才"较多，新兴产业的"专才"较少；人才的年龄大小的不平衡，如在文化科技产业，常常是年龄越大资质越高，在计算机等产业，却出现人才年轻化趋势。人才的这种不平衡性无疑会对产业结构的客观性产生或多或少的影响。而就产业结构升级过程中的客体而言，产业结构随着自身发展和市场规律发展的需要，对人才的数量和质量都会提出不同的要求。主体和客体中任何一个方面发生变化，都会给产业结构升级产生影响。而且，往往会出现人才培养的太主观和对产业结构缺乏全面的了解而制订制约产业结构升级的人才培养方案，最终制约产业结构的客观规律性。相反，具有主观能动性的高素质人才不仅有助于提高经济系统的产出，而且有助于催生高技术及高技术产业，引导一般性资源流向高技术产业，促进高新技术产业的成长。人才培养对产业结构升级有推动作用，但人才培养的主观性往往会影响制约产业结构升级的客观性。

总地说来，产业结构决定人才培养结构，产业结构升级促进人才结构的优化。但是人才培养结构又会对产业结构升级具有反作用。当高等教育结构适应产业结构升级时，高等教育结构能够促进产业结构的合理化和高度化。当高等教育结构不适应产业结构升级时就会延缓合理的产业结构的构建，从而延缓经济发展的速度。因而，高等教育结构应主动调整到与产业结构相适应的状态，使高等教育结构建立在对产业结构的人才需求的基础上以满足市场对人才结构的供需平衡。同时，高校若能科学预测劳动力的需求结构，提前规划人才结构培养方案，实施适应产业结构升级的人才培养机制，弥补人才培养的滞后性的不足，这样的高校将会比较有生命力，也在实质上承担其培养人才的社会职能。

2.2.2 高等教育结构与产业结构互动机理

从宏观经济层面来看，产业结构和高等教育结构都属于经济结构的内容，是经济增长供给侧因素。但在经济增长的不同阶段，由于经济增长驱动方式的不同，所依托的主要驱动要素不同，对于要素的数量和质量要求有所变化，要素之间的关系也有变化，两者相对重要性和相互作用关系也会发生变化。

国内外的学者都对经济增长阶段进行过系统划分。西方学者有关经济增长阶段划分的理论主要包括罗斯托的经济成长阶段论和波特的国家竞争优势理论。罗斯托论述了一个国家在其走向现代化的过程中应经历的六个阶段及各阶段的特点、条件、增长动力、出现的问题和前景，经济增长的六个阶段分别是：传统社会阶段、起飞准备阶段、起飞阶段、走向成熟阶段、大量消费阶段和追求生活质量阶段。国内学者对经济增长阶段划分的理论包括刘霞辉的"S"形增长阶段论、张连城的"N"形增长阶段论。

国内外学者对经济增长阶段的划分虽然不同，但均体现出经济增长不同阶段的驱动要素来源不同，增长方式不同和增长速度不同。为了便于研究和分析，本书粗略地将不同学者划分的不同阶段归并至最少数目，即两阶段，并按其增长动力来源和结果水平不同分为低级阶段和高级阶段。将经济总体规模较小、工业化程度较低（中期之前）、经济高速增长、以要素数量投入驱动为主、非均衡发展为特征的阶段定义为低级阶段，即对应于刘霞辉的经济增长阶段划分的 P 点之前的阶段、张连城经济增长阶段划分的 A、B 阶段、罗斯托的起飞前的阶段。而将经济总体规模较大、工业化程度较高（中期之后）、经济低速增长、以经济效率提升为主、均衡发展为特征的阶段定义为高级阶段，即对应于刘霞辉的经济增长阶段划分的 P 点之后的阶段、张连城经济增长划分的 C、D 阶段、罗斯托的走向成熟以后的各阶段。

（1）在经济发展的低级阶段产业结构决定高等教育结构。

在经济增长的低级阶段，工业化水平较低，三次产业结构表现为以第一产业或第二产业为主的"一二三"或"二一三"结构，经济整体规模较小，人均收入水平较低，教育投资不足，劳动者平均受教育水平不高，整体人力资本存量较低，经济增长主要依靠需求拉动，产业结构随需求结构而变化。当产品市场上消费者需求变化时，产业结构随之发生变化，进一步引致要素市场上对投入要素需求的变化。在这个阶段上，由于生产并不复杂，对技术的要求不高，对于生产要素的需求主要体现在数量方面。因此，在经济增长的低级阶段，高等教育结构并不被重视，处于被动地位和从属地位。高等教育机构往往为了满足劳动力市场的需求，使学生毕业能够找到合适的工作，会随着就业市场反馈的信息调整专业和招生规模，同时学生也会为了毕业后可以顺利就业而选择合适的专业。如果高校培养的人才在劳动力市场有竞争优势，那么该高校就会有足够慕名而来的生源，有了生源学校就有足够的资金来维持高校的各项建设，高校的生存和发展就有了保障，相反缺乏足够的生源，学校主要资金来源将减少，高校就会面临资金困难，难于保证正常的教学与科研经费。

在低级增长阶段，由于经济增长速度较快，对高等教育的人才培养以数量性要求为主。但是此时如果不迅速扩大高等教育的招生规模，可能导致人力资本供给的缺口；如果招生规模扩大得过快或者盲目扩大招生规模，培养的毕业生专业结构可能与不断变化的产业结构匹配失调。因而高等教育结构设置必须以该地区的产业经济结构为基础，必须与区域的产业结构进程相适应。

（2）在经济发展的高级阶段高等教育结构促进产业结构升级。

当经济增长进入到高级阶段，工业化进入后期，第三产业居于主导地位，单纯依靠物质资本驱动经济增长的空间越来越小了，经济增长方式由要素驱动向创新驱动转变。在这个阶段上，随着人均收入水平的提高，人们的需求日益多样化，导致生产复杂化程度提高，产业内部分工进一步细化，产业结构高级化，产业间结构更加合理化，并催生新的产业。此时对于劳动力的要求进一步提高，不但要求劳动者具备更高的专业化水平，提高劳动生产效率，面对激烈的竞争还应具有创新的能力。此时，人力资本就成为经济增长的主要动力。高等教育作为人力资本投资的主要途径在国民经济中的地位日益重要，高等教育结构的发展和调整反作用于产业结构使得产业结构更加完备，也是经济增长的决定性因素之一。从一般意义上讲，由于不同产业在国民经济中的地位不同，产业发展成熟程度不同，导致行业的收入水平不同，加之在市场化下新兴行业发展对人才的需求，高等教育机构为了同时满足受教育者和用人单位的未来发展，需要主动调整高等教育的结构，使高等教育结构的变动具有一定的主动性。

高等教育结构的调整和发展为产业结构升级提供所需人才和智力支持。高等教育结构合理，才能大面积地提高劳动者的职业素养和技术水平，进而提高劳动生产率和经济效益，促进产业结构向更合理和更高级化发展。高等教育结构设置具备一定的前瞻性，可以在毕业季直接为产业部门提供一支具有足够数量和较高质量与搭配合理的人才队伍，为产业结构升级输送生产劳动力，为经济发展提供人力支持。高等教育结构的调整也会促使人们形成各种新观点，新思路以适应产业结构的变化和节奏，产业结构的升级需要现代观念和创新思维。高等教育结构与产业结构相对接主要是通过人才培养结构，有什么样的高等教育结构就可能形成什么样的人才结构。而这些各门类、学科、专业的人才将输送到经济建设的各个行业成为当中的中坚力量。从而可以满足经济社会发展的需要，根据人力资本的相关理论，人是生产要素中最活跃的因素，人才素质提高了，新型人才类型培养好了，毫无疑问会促进经济发展，加快产业结构进程，高校应加快高等教育结构的调整，使之更趋于合理，使之为促进产业结构作出应有的贡献。

（3）高等教育结构与产业结构的适应性是一个动态互动的过程。

高等教育结构与产业结构总是处于不停的变化中，高等教育结构与产业结构的适应性是相对的，暂时的，高等教育结构与产业结构在短期内的匹配与适应并不意味着长期固定不变。高等教育结构、产业结构、劳动力结构的变化是绝对的，持续不断的。三者之间没有一个固定不变的模式，人才供求平衡是一种动态平衡，主动进行高等教育结构的改革调整，使之与产业结构相适应是高校改革的长期性任务而不是一次性调整或改革所能实现的。因为无论一个地区的产业结构有多么合理，高等教育结构与产业结构的匹配度有多么高，这种匹配度和契合度都会随着产业发展的变动而改变。因而，对于产业部分而言，需要不断淘汰那些夕阳产业。而新产业的创建和发展需要新的人才，缺乏符合新产业所要求的专业人才，新产业的发展就无法实现。因此高等教育结构要根据产业的发展不断调整。一个产业的成功，不仅取决于现有的高素质人才，很大程度上还取决于未来的高素质人才。高等学校是培养高素质人才、创造性人才和高级应用型人才的场所。产业结构升级之后，高等教育结构也应不断地调整，不断地适应，以求适应经济发展的需要，不过，高等教育结构这种适应过程并非完全被动。高校可以根据教育的规律及学科发展的规律来提前做好预测，以便与产业结构升级进程一致。作为人力资本形成主要路径之一的高等教育对区域经济发展起着至关重要的作用，由于不同产业对人力资本的性质和水平要求不同，其对培养专业化人才的教育机构的层次结构、类型结构、学科专业结构以及布局结构的要求也就不同。因此，伴随产业结构的演化、转型和升级，高等教育结构也要随之进行调整和优化。

第一，高等教育层次结构与产业结构的互动关系。

在产业结构升级中，经济发展方式的演化必然要求人力资本结构做出相应的调整，以满足产业转型升级对要素禀赋的需求。从经济史的角度看，不同的发展阶段所要求的要素禀赋也不同。在发展的初期，社会生产以追求规模扩张为主，产业的发展主要以粗放型为特征，因此较低层次的人力资本就可以满足生产需要。随着工业化进程的推进，新的生产方式形成，产业结构也由粗放型生产为主转化为集约型生产为主。此时的经济增长主要依赖投入要素的质量和效率的提升来实现，新工艺、新技术不断被应用于社会生产，这就要求高等教育机构提供大量的创新型人才以满足产业结构升级的需要，进而要求专科、本科、研究生三种层次的教育之间要形成一个恰当合理的比例关系。因此，产业结构的升级也就对高等教育的层次结构提出新的要求。

第二，高等教育的区域结构与产业结构的互动关系。

一个区域的不同地区，由于资源禀赋和发展历史的不同，其主导产业的确定和产业的区域功能定位也就不同。要促进区域产业均衡发展和产业间的协调发展，就要求建立起科学合理的高等教育的区域结构。由于合理的高等教育布局能够促进区域经济相对均衡发展，同时不同区域产业结构、经济基础的差异性也可以实现高等教育的特色发展。因此，高等教育区域结构要与区域经济社会发展特别是产业发展重点相适应，兼顾效率与公平，既要顾虑到经济较发达地区也要考虑到经济相对落后地区。如果高等教育的区域结构过于集中在某个核心城市，那么发展相对落后、地理位置相对偏远地区的产业发展就会受到限制，从而阻碍区域经济或产业的协调发展，甚或产生阻碍产业布局的情形。

第三，高等教育学科专业结构与产业结构的互动关系。

一般来说，一个国家和地区高等教育所培养的各学科和专业人才与一国或地区产业结构调整对人才的需求状况的契合程度是判断该国或该地区高等教育学科专业结构是否合理的重要标准。由于高等教育学科专业调整会导致人才供给结构的变化，进而影响一国或地区的产业发展；与此同时，产业结构的升级，又会提出新的人才培养要求，必然会引起高等教育供给的专业学科专业结构调整。因此，两者也是相辅相成、相互制约的关系。

1）高等教育学科专业设置与调整影响产业结构的变迁。

经济社会的持续发展，必然要求有足够的各类专门人才。因此，一个科学合理的学科专业设置，会为多元化的产业提供所需要的人才，从而促进经济社会的发展，而不合理的学科专业结构，因其无法满足产业发展对专门人才的需求而阻碍其发展。这是因为高等教育学科专业结构决定了人力资源的类别，不合理的学科专业结构将造成人才市场上人才供应与实际岗位需求之间的错位，造成已有人员无法实现就业，而产业发展所需的人才又供给不足的现象，从而妨碍产业的发展或产业结构的升级。

2）产业结构变动决定学科专业结构的调整方向。

产业结构的升级，必然引起一个经济体的技术结构和就业结构的变化，这就要求高校的学科专业按照产业的发展方向做出调整。特别是在当代，由于技术创新越来越具有大型化、复杂化和集成化的趋势，任何一个单独的个人、团体都很难单独完成一个创新链的全部工作。这就要求区域或高校构建综合化的人才培养体系，大力发展各种新型交叉学科和专业，以适应这种技术创新的变化趋势。同时，由于产业结构的不断升级以及信息、技术、资源等要素集成度的不断提高，对复合型、综合性人才的需求日益增强，这就要求高等教育供给机构不断优化配置各学科资源，以培养更多的复合型人才。

总之，产业结构决定高等教育结构的发展方向，高等教育结构对产业结构升级的速度起促进作用。高校应密切关注产业技术发展前沿，及时调整结构，以适应产业经济的快速发展，使高等教育结构与产业结构保持一个动态的适应状态。

第 3 章　兵团产业结构与高等教育供给侧结构现状分析

3.1　兵团产业结构现状分析

3.1.1　兵团产业结构整体分析

高等教育专业建设应当高度契合三次产业发展对应用型人才培养的要求，为此，首先必须了解和把握新疆生产建设兵团三次产业各自发展的状况和特点，明确三次产业对应用型人才培养的基本要求。

近年来，随着兵团经济的快速发展，总体经济实力随之显著增长。GDP 由 2006 年的 376.02 亿元增加至 2017 年的 2339.10 亿元，首次突破两千亿元大关。人均 GDP 由 2006 年的 14605 元增加至 2017 年的 59660 元。从产业结构变动的历程来看，兵团的三次产业结构由 2006 年的 37.8:26.4:35.8 调整为 2017 年的 21.6:43.9:34.5，表明兵团产业结构发展格局开始转变，从以往的第一产业独大的局面逐渐转换成为三产均衡发展，"三足鼎立"的格局。

由兵团 2006～2017 年三次产业比率变化图（图 3-1）可以看出，在这十年的发展历程当中，兵团的产业结构变化遵循着：第一产业比率逐渐降低、第二产业比率上升较为显著，但第三产业比率在考察期当中变化不大，甚至在 2009～2012 年出现了下降趋势。之所以出现这种变化规律是因为，兵团的经济发展中心逐步从农业转变为重工业发展，但服务业发展不足，第三产业对 GDP 的贡献不大。总地来说，兵团的产业结构逐渐转变为"二三一"的变化态势，第三产业与第二产业之间的差距较大，虽然第二产业比率小于 50%，但是第二产业仍然占主导地位。

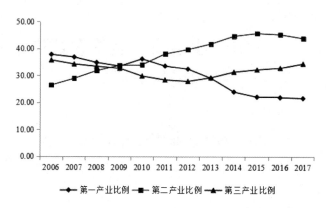

图 3-1　2006～2017 年兵团三次产业比率走势（%）

注：数据来源于 2007～2018 年《新疆生产建设兵团统计年鉴》。

3.1.2　三次产业结构分析

三次产业是常用的产业结构分类方法，即把国民经济各产业部门分为第一、第二产业和第三产业。另外，我们也可以根据研究对象不同对三次产业进行内部细分。这里我们将对兵团三次产业内部产业状况进行分析，从而深入了解兵团产业结构的变换情况。

（1）第一产业结构分析。

第一产业包括农业、林业、渔业和畜牧业等部门，主要指生产不需要经过深加工过程就可直接消费的产业和工业原料部门，其在新中国的发展历程中占据特殊的地位。就兵团而言，第一产业 GDP 从 2006 年的 142.19 亿元发展到 2017 年的 506.32 亿元，生产总值在考察期内的时间段内增长了 3.56 倍。2017 年的第一产业生产总值占 GDP 的 21.7%。

在第一产业中，农业产值比例一直是最高的，2006 年农业的产值为 243.15 亿元，占第一产业总产值的 81.52%，2017 年农业的总产值为 872.95，占第一产业

总产值的 76%。据统计，近年来农业总产值一直增加，一直保持第一产业的主导
地位，同时农业产业在第一产业中的比率逐渐降低，表明第一产业中其他产业得
到了相对快速的发展。牧业 2006 年总产值为 27.23 亿元，占第一产业的 9.13%，
2017 年的牧业生产总值 169.12 亿元，占第一产业的 14.72%，比重呈现增长趋势
且在第一产业中的比重增长较快。而林业 2006 年总产值为 3.08，占第一产业比重
为 1.03%，2017 年林业生产总值为 20.34，占第一产业比重为 1.7%，占第一产业
中的比重增长缓慢，如图 3-2 所示。

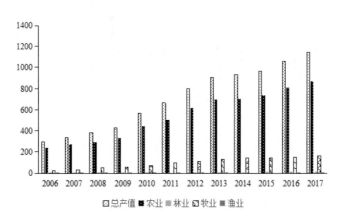

图 3-2　2006~2017 年兵团农林牧渔总产值（亿元）

注：数据来源于 2007~2018 年《新疆生产建设兵团统计年鉴》。

（2）第二产业结构分析。

第二产业是对初级产品的再加工部门，包括工业和建筑业，其中工业又分为
采掘业、制造业、电力等生产和供应产业。兵团第二产业 GDP 从 2006 年 99.42
亿元发展到 2017 年的 1026.50 亿元，生产总值在考察期内增长了 10.32 倍。工业
中包括采矿业、制造业、电力、煤气及水的生产和供应业，其中 2017 年采矿业占
生产总值的 2.3%，制造业占 86.9%，电力、煤气及水的生产和供应业占生产总值
的 10.9%。采矿业比重和电力、煤气及水的生产和供应业比重明显较小，而制造
业在第二产业中的主导地位仍然比较明显。在房地产市场的快速发展的背景下，

建筑业生产总值从 2006 年的 30.07 亿元增长到 2017 年 300.73 亿元，在 10 年的时间内增长了 10 倍。此外，建筑行业在第二产业的比重由 2006 年的 30.3%增长到 2017 年的 34.2%，如图 3-3 所示。

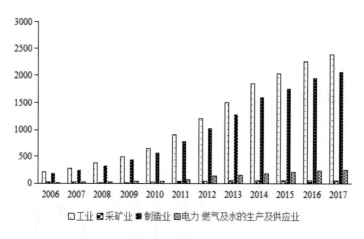

图 3-3　2006～2017 年兵团工业三个分类总产值（亿元）

（3）第三产业结构分析。

第三产业指除第一产业、第二产业以外的其他行业，包括流通和服务两大部门，具体分为四个层次：第一层次是流通部门，涉及邮电通信、交通运输、商业等产业；第二层次是为生产和生活服务的部门，涉及金融、房地研究、卫生、社会福利等产业；第三层次是教育、文化、体育等社会福利事业；第四层次是为社会公共需要服务的部门，涉及国家机关、党政机关、社会团体、军队、警察等。

在第三产业内部，2008 年占据主导地位的产业为金融业、批发零售业和交通运输业，其生产总值占第三产业生产总值的 16.8%、20%和 10.0%；而到了 2017 年，兵团排在第三产业生产总值前三位的变为批发零售业、交通运输业、社会公共服务业；其生产总值分别占第三产业生产总值的 25.0 %、13%、5.9%。从 2008 年到 2017 年，在第三产业中，主导行业主要还是传统服务业。

由上述兵团统计年鉴数据进行分析可得兵团三次产业结构发展轨迹如下：即

第一产业比重不断降低、第二产业比重逐渐增加，第三产业比重变化不大，形成了以第二产业为主导，第三产业发展较为缓慢、第一产业占比不断缩小的"二三一"的产业结构状况，2017 年三次产业比例为 21.6:43.9:34.5。与兵团自己的产业发展来看，其处在不断过程中；但是与全国三次产业结构平均水平（2017 年全国三次产业比例为 7.9:40.5:51.6）相比，第一产业高 13.7 个百分点，第二产业高 2.4 个百分点，第三产业低 17.1 个百分点。然后在此基础上，通过第一、二、三产业的内部结构得到：第一产业为兵团基础产业，总体规模比率在全国地位重要。第二产业以制造业为主，各种制造业在兵团的工业发展中起到了关键性的作用。第三产业与全国比较差距悬殊，占经济总产值的比重增长缓慢，但从其产业内部的发展来看，增长较快的集中在与人民生活紧密相关的传统服务行业，如交通运输、批发和零售业以及邮政业等部门。

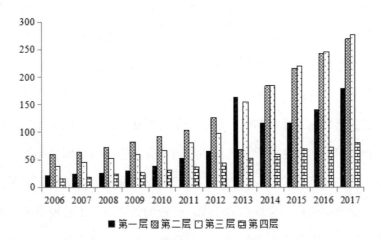

图 3-4　2006～2017 年兵团第三产业三个层次生产总值（亿元）

3.1.3　三次产业结构存在的问题

（1）第一产业结构比重较大，内部结构不合理。

虽然兵团第一产业比重逐步下降（2017 年 21.6%），但与全国（2017 年 7.9%）、新疆（2017 年 15.4%）水平相比，兵团第一产业的比重偏大、内部结构不合理（种植业比重过高，林业、渔业发展相对滞后）。而种植业又以棉花种植为主，单一的作物结构和农业结构降低了农业生产抵御市场风险和自然风险的能力，不利于充分利用新疆丰富的农业资源和生态环境的改善。与国内部分地区相比，兵团农业产业就业具有一定的优势，但是与国际国内先进发达地区相比还存在一定的差距，兵团农业还存在着产业化经营水平不高、农产品的加工转化率偏低等问题，特别是现已迅速发展成为兵团农业支柱产业的林果业；农业龙头企业带动力不强、农产品的产业规模化、商品化发展不足，在一定程度上制约了农产品批发市场的发展，使农产品种植和加工不能随着市场需求而变化，制约了兵团农业现代化的发展。

（2）第二产业结构调整进程缓慢，产业素质低。

虽然兵团第二产业结构在整个产业结构中占主导地位，但是兵团工业依然处于工业化发展的初级阶段，工业内部行业的劳动密集型产业依然处于主导地位，资本、技术密集型产业虽有发展但是增长速度较慢。兵团工业产业素质低，从工业内部产业结构上看：产品主要集中在以原材料为主的食品制造业、饮料制造业、纺织业、农副产品加工业等初级产品的粗加工行业；而产品的精加工、深加工制造的工业行业较少；且这些行业产品附加值小。从工业投资项目类型看：工业投资项目中农产品加工、纺织业、食品制造等传统产业依然占主导，而采矿业的发展不足，工业产业的科技含量高的较少，产业间关联小；工业投资的方式依然以数量扩张型为主，工业产值增长额小于投资增加额，投资效益差。从兵团企业类型看：生产上，以原材料加工的企业居多，而科技创新和新兴产业的企业少，产业层次低；性质上，国有及国有控股企业比重较大，企业经营灵活性差。

（3）第三产业发展规模小，水平低。

从整体上看，兵团第三产业在总产值中所占规模较小，水平低。从内部结构看，兵团第三产业依然处于劳动密集型的传统的服务业（商贸零售、餐饮等）占主导的阶段，而属于资本、技术密集型的现代新兴服务业（软件和计算机服务业、信息传输、金融业、新兴服务业、文化娱乐等）还处于兴起阶段。2017 年兵团批发零售业占第三产业总产值比重为 25.05%，位居第一；而在人民生活中起重要作用的信息传输、计算机服务和软件业、金融服务业以及住宿和餐饮业部门所占比重较小，仅为 1.37%、8.9% 和 5.89%。总体来看，在第三产业中除物流服务业外，为生产和居民生活服务的金融、科技、保险、教育和信息服务等生产性服务部门占比小，尚未形成规模；就业人口在第三产业内部的配置不合理，批发零售、住宿餐饮业等行业劳动素质低且存在剩余，而适应市场多元化和信息化变化需求的就业人口不足。

3.2　兵团高等教育供给侧结构现状

教育结构是学校在规模、数量、专业、生源及财政经费之间的比例关系（教育大辞典，1986）。合理的教育结构应当能够与经济社会发展要求相一致、相协调、相适应。如果教育结构不合理，将会影响经济社会的结构，容易造成急需人才的地方招不到人才，毕业生又难以找到与专业相关的工作，造成人才的浪费，降低教育的经济效益和社会效益。具体来说，教育结构可以按照不同的划分方式，分为教育的布局结构、形式结构、层次结构、管理体制结构、专业结构（新时期新名词大辞典，2013）。教育的层次结构是按照教育阶段划分的结构，如学前，小学、初中、高中、大学等；形式结构是按照授课形式划分的结构，如全日制教育、成人教育、夜校、电大、职业学校等；专业结构，是按照授课分布来划分的结构，如理科、工科、农业、医学、文科等；管理体制结构，是按隶属关系划分的结构，如教育部直属学校、地方公立院校、私立院校、合资院校等。

相应地，本书赞同将高等教育结构定义为：高等教育系统内各组成部分之间的关联作用和比例关系。韩梦洁（2013）指出，"系统"一词的使用表明在高等教育系统中存在宏观结构，各国高等教育的制度及其改革存在相似性或相通性。傅征（2008）认为，教育结构主要包括教育的纵向结构和横向结构两个方面。我们将高等教育结构分为宏观和微观两个层面。宏观高等教育结构包括：层次结构、科类结构、形式结构、地区结构、管理体制结构等。其中高等教育的层次结构是指专科教育、本科教育和研究生教育之间的比例分布；高等教育的科类结构，是指理、工、农、医及财经、政法等专业学科之间的比例关系；高等教育的形式结构，是指全日制、成人业余与职业技术教育之间的比例关系；地区结构主要是各类高等教育的布局和地区分布的比例关系；管理体制结构指教育部直属院校、部属院校、地方院校之间的比例关系。

徐军、曹方（2005）认为，影响教育结构的因素包括经济、历史、民族、地理和科技。其中经济因素中的产业结构起决定性作用，而地区经济结构、体制结构对教育结构有制约作用。麻丽娟（2012）指出，影响高等教育结构的因素比较复杂，包括政治、经济和文化等多方面的因素，且在不同的地区、不同的历史时期各种因素发挥影响力的程度会有所不同，将导致主导因素发生变化。

由于本书从经济增长内生化的视角出发，为此将从兵团高等教育的层次结构、区域结构、学科和专业结构等方面进行现状描述分析。

3.2.1　层次结构

高等教育的层次结构主要以学历层次为划分依据，分为研究生（包括博士和硕士）、本科、专科三个层次。可以从包括招生、在校（学）和毕业生规模三个角度衡量高等教育的层次结构，当然如果以受教育的结果来看，重点应是看毕业生的层次结构。由表 3-1 可以看到，无论以招生、在校（学）或毕业生角度衡量层次结构，研究生和专科生的人数都呈现不断上升的状态，而本科生的人数在整体中的比重呈现不断下降的趋势。以毕业结构为例，2006 年研究生、本科生、专科生的比例为 4.09:79.14:16.78，2017 年研究生、本科生、专科生的比例为

8.30:63.43:28.27，研究生和专科生层次的教育规模得到了一定程度的增长，但本科生规模出现了下降的趋势。

表 3-1 2006～2017 年兵团高等教育层次结构

年份	研究生/%			本科生/%			专科生/%		
	招生	在学	毕业	招生	在学	毕业	招生	在学	毕业
2006	3.15	5.73	4.09	78.86	72.50	79.14	18.00	21.78	16.78
2007	6.19	4.57	5.33	70.16	77.87	72.26	23.65	17.56	22.41
2008	5.81	4.81	4.93	67.85	76.47	73.45	26.34	18.72	21.62
2009	6.48	5.07	5.35	66.89	74.50	72.19	26.63	20.43	22.45
2010	7.13	5.31	6.48	67.12	74.13	68.27	25.75	20.56	25.25
2011	8.17	5.99	5.46	67.05	73.25	68.53	24.78	20.76	26.01
2012	9.07	6.48	7.09	66.08	72.97	65.88	24.85	20.55	27.03
2013	9.28	6.81	8.01	64.64	72.81	64.86	26.07	20.38	27.13
2014	9.44	7.18	8.10	60.74	71.01	66.84	29.81	21.82	25.06
2015	9.05	7.10	9.56	59.27	69.71	64.19	31.68	23.19	26.25
2016	9.25	7.26	9.23	57.57	67.34	66.06	33.18	25.40	24.71
2017	10.91	8.01	8.30	60.96	66.66	63.43	28.13	25.33	28.27

注：数据来源于 2007～2018 年《新疆生产建设兵团统计年鉴》。

3.2.2 区域结构

区域结构主要是各类高等教育的布局和地区分布比例关系。这种比例关系的描述可以从数量和质量两个角度进行。从数量角度方面可以通过学校数量的分布、学生数量的分布、相对于人口密度的分布数据来说明地区结构，从质量方面可以从学校层次地理结构来说明地区结构。从高校数量结构来看，北疆的兵团高校数量有 6 所，而南疆的只有 2 所；从高校质量结构来看，北疆的兵团高校有 1 所 211 大学。从这两个指标就可以看出，兵团高校在南北疆分布差异较大，出现这种差异的原因当然也是南北疆长期以来的历史、经济、社会等诸多因素共同造成的。兵团高等院校区域分布见表 3-2。

表 3-2　兵团高等院校区域分布

兵团高等院校名单			
学校名称	主管部门	所在地	办学层次
1 石河子大学	新疆生产建设兵团	石河子市	本科
2 塔里木大学	新疆生产建设兵团	阿拉尔市	本科
3 新疆兵团警官高等专科学校	新疆生产建设兵团	五家渠市	专科
4 新疆石河子职业技术学院	新疆生产建设兵团	石河子市	专科
5 新疆生产建设兵团兴新职业技术学院	新疆生产建设兵团	乌鲁木齐市	专科
兵团成人高等院校名单			
学校名称	主管部门	所在地	办学层次
1 新疆生产建设兵团广播电视大学	新疆生产建设兵团	乌鲁木齐市	多层次
2 新疆生产建设兵团教育学院	新疆生产建设兵团	石河子市	多层次
3 阿克苏教育学院	新疆生产建设兵团	阿克苏	多层次

3.2.3　学科和专业结构

科类结构主要是高等教育内部基于学科专业的划分而形成的比例关系。对于普通高校而言，高等教育结构主要依据教育部颁布的《普通高等学校本科专业目录（2012 年）》。该目录是规定专业划分、名称及所属门类，是设置和调整专业、实施人才培养、安排招生、授予学位、指导就业，进行教育统计和人才需求预测等工作的重要依据。依据《2018 年中国教育统计年鉴》，普通高等学校（研究生、本科）分设哲学、经济学、法学、教育学、文学、历史学、理学、工学、农学、医学、管理学、艺术学 12 个学科门类，普通高等学校［高职（专科）］的专业数量为 18 个。

2017 年，兵团高等教育共开设 92 个本科专业，涉及 11 个大学科门类，开设了 11 个全日制高职专业，涉及 18 个专业类别；开设了 35 个高职专业，涉及 9 个专业大类，18 个专业类别。兵团本科教育开设专业中对应第一产业中种植业、林业、畜牧业、水产养殖业等直接以自然物为生产对象的专业有植物保护学、农业资源与环境学、园艺学、作物学、动物科学、动物医学、畜牧学、动物遗传育种与繁殖学、动物营养与饲料科学、预防兽医学、临床兽医学、基础兽医学。对应兵团第二产业的专业有农业机械化及其自动化、机械设计制造及其自动化、电气工程及其自动化、工业工程、农业水利工程、土木工程、水利水电工程、建筑学、给排水科学与工程、计算机科学与技术、信息管理与信息系统、电子信息工程、软件工程、化学工程与工艺、应用化学、环境工程、材料科学与工程、食品科学与工程、食品质量与安全、葡萄与葡萄酒工程等专业。对应第三产业的专业有生物科学、生物技术、教育学、学前教育、科学教育、应用心理学、教育技术学、数学与应用数学、物理学、地理科学、汉语言文学、化学、英语、俄语、阿拉伯语、波斯语、思想政治教育、马克思主义中国化、马克思主义基本原理、中国近代史基本问题研究、农林经济管理、工商管理、市场营销、经济学、国际经济与贸易、会计学、财务管理、电子商务、审计学、物流管理、人力资源管理、经济统计学、金融学等 42 个专业。近年来，兵团本科教育专业发展较为迅速，但对应新兴产业的专业设置是其盲区，专业设置与经济发展和产业结合不紧密。兵团职业教育开设专业中对应兵团第一产业农林牧渔类专业有农业机械使用与维修、棉花加工与检验、农产品保鲜与加工、园林技术、畜禽生产与疾病防治、畜牧兽医、农业与农村用水、设施农业技术、农村经济综合管理、园林技术、植物保护、现代农艺技术、农村电气技术等 13 个专业，占全部中职专业的比率为 16.67%。基本上已经覆盖了兵团"节水灌溉示范基地、农业机械化推广基地和现代农业示范基地"这三大基地的建设和种植业、畜牧业、果蔬园艺业等农业主体产业。对应兵团第二产业的专业有 56 个，包括中职专业 30 个，高职专业 26 个，包括资源环境类开设有矿山机电、煤炭综合利用等 2 个专业；能源与新能源类开设有火电厂热力设备运行与检修、发电厂及变电站电气设备、输配电线路施工与运行、供用电技术等 4 个专业，土木水利类开设有建筑工程施工、工程造价、道路与桥梁工程施工、水利水电工程施工、市政工程施工、工程机械运用与维修等 6 个专业；加工制造类开设有焊接技术应用、机电技术应用、数控技术应用、电子电器应用与维修、模具制造技术、机械加工技术、电气技术应用、工业自动化仪表及应用、汽车电子技术应用、机械制造技术等 11 个专业；石油化工类开设有化学工艺、石油炼制等 2 个专业；轻纺食品类开设有纺织技术与营销、服装制作与生产管理、民族风味食品加工制作、食品生物工艺、民族食品制作等 5 个专业。

对应兵团第三产业的中职专业 35 个，高职专业 9 个，包括交通运输类开设有汽车运用与维修、汽车整车与配件营销 2 个专业；信息技术类开设有计算机网络技术、计算机应用、数字媒体技术应用、电子技术应用、通信系统工程安装与维护、客户信息服务等 6 个专业；医药卫生类开设有营养与保健、护理、药剂、医学检验、口腔修复工艺等 5 个专业；休闲保健类开设有美发与形象设计等 1 个专业；财经商贸类开设有物流服务与管理、会计电算化、市场营销、房地产营销与管理等 4 个专业；旅游服务类开设有酒店服务与管理、烹调、西餐烹饪、中餐烹饪等 4 个专业；文化艺术类开设有社会文化艺术、工艺美术、音乐、美术绘画、民间传统工艺、民族民居服饰、服装设计工艺等 7 个专业；体育健身类开设有运动训练 1 个专业；教育类开设有学前教育 1 个专业；公共管理与服务类开设有文秘、工商行政管理事物、社区公共事物管理等 3 个专业；其他开设有实用汉语 2 个专业。

兵团"十三五"规划提出要坚持市场主导、创新驱动、重点突破、集聚发展，通过自身培育与战略引进，壮大战略性新兴产业，开辟产业转型升级新途径，2020 年，战略性新兴产业增加值占生产总值比重达到 3%。新兴产业包括生物医药、装备制造、新能源、电子信息、环保。从目前兵团高等教育专业开设情况看，只有少数专业涉及新材料、新能源、电子信息等战略性新兴产业，尚无涉及生物技术的专业，这在一定程度上将制约兵团战略性新兴产业的发展。特别是装备制造类、交通运输类、现代物流、旅游服务类、公共管理与服务类等专业快速发展。

3.3 兵团高等教育供给侧结构存在的问题及结构性改革的必要性

随着现代化进程的加速，单纯的劳动力数量上的增长并不一定可以体现社会经济发展水平的提高，而高质量人力资本则是推动经济发展的重要支撑和保障。而高等教育则是促进地区人口获得职业和专业技能、提高人力资本质量的一个重要途径，学校作为高等教育发展的源头，学校高等教育发展情况也决定着一个地区的人力资本质量。近年来，兵团经济实现长足的发展，兵团高等教育规模虽有所扩大，但兵团与其他省区相比，兵团高等教育起步较晚，高等教育保障机制不健全、院校数量少、技术技能人才培养种类和规模较小、高等院校专业设置与产业结构、经济社会发展吻合度不够紧密等问题。

3.3.1 兵团高等教育供给侧结构存在的问题分析

（1）层次结构不合理，与兵团经济结构不适应。

兵团未来产业结构的目标是把提高自主创新能力作为产业结构调整和经济增长方式转变的中心环节，推动产业结构由"二三一"向"三二一"转变，重点、新兴领域的重点突破带动了产业结构的高度化，这就需要两大类人才：第一类是具有创新和研发能力的专家、在基础学科领域的科研开发人员、在新兴学科领域内的研究人员，这类人才可以用先进的科学技术改造兵团的工业结构，实现工业的升级；第二类是大量的熟练的高级技术工人，这类人才可以提高第一、二产业的生产效率和水平。而目前兵团高等教育层次结构却还是呈现出两头小中间大的"橄榄型结构"态势，兵团研究生教育和高等专科、高等职业技术教育明显在数量和质量上不能满足社会发展的需要。

近年来，兵团加快转变经济发展方式，增强了绿色、低碳发展的理念，而新兴产业的兴起，也需要大量的复合型技能人才，他们既要掌握扎实的理论知识，又要具备较强的实践动手能力。但是目前一是兵团现有的高等院校教育仍然以理论教学为主，学生的实践动手能力较为薄弱。这样的体系，既不利于职业学生的进一步发展和成长，也难以满足兵团产业结构升级、经济发展方式转变，工业化及新兴产业对人才需求层次的提高。二是目前兵团高等教育的层次结构还是处于传统的形态，即按传统的学术研究水平的高低来区分的，从高职院校到可以培养博士的院校，形成一个"金字塔"，这与产业结构的调整的初期、中期的社会就业结构是相适应的，但是随着兵团产业结构进一步升级和供给侧的改革，尤其是工业化程度的加深，社会所需要的人才结构是处于多样化的态势，构建一个单纯的简单的"金字塔型"的高等教育层次结构显然已经不能满足现状需求了。

（2）学科和专业结构失重，综合化水平不高。

学科结构直接关系到高等教育所培养的人才结构，直接影响着兵团高等院校学生的就业结构，从而对产业结构的升级起到至关重要的作用。目前兵团高等教育中学科、专业设置的不合理性主要表现在：一是随着兵团城镇化、新型工业化、农业现代化建设的推进，兵团分别加大了家庭服务业、纺织服装业、生产性服务业的投入，经济的转型调整产生了新的就业需求，对技能型人才的培养方向和结构也提出了新的要求，但是目前兵团高等院校存在办学实力较弱，专业设置不合理、人才培养规模与结构不能满足经济发展转型与产业结构调整的需要等状况都极大地影响了兵团高等教育对技术技能型人才培养的质量，并且现有技能型人才培养已经远远不能满足兵团经济结构调整的需要，尤其是对二、三产业高技能型人才的需求。二是新型学科和新型专业培养的人才远不能满足市场的需求。传统学科比重较大，对于综合学科、交叉学科以及边缘性学科等新兴学科比重较低，通信工程、应用化学、金属材料、高分子材料、电子科学技术、农业现代化相关技术等领域中要进一步加强研究生培养能力。

（3）区域结构不平稳。

高等教育的区域结构布局取决于经济发展水平的差异性，在南北疆不同地区间，经济发展水平呈梯度分布状态，兵团高等教育也呈现出非均衡发展。教育资源主要集中在石河子市和乌鲁木齐市，而南疆地区兵团高等院校分布较少。产业结构在南北疆各地区之间也是存在一定的差异的，因此，不同地域应当从当地的实际出发设置不同层次、不同学科的高等学校，培养满足当地社会需求和产业结构特征的专业人才。

（4）高等教育师资队伍结构不合理。

高等教育院校师资是提高培训质量和效果的关键。通过调查发现，目前兵团高等院校师资存在以下问题：教师数量与结构不合理，近年来随着兵团高等院校的不断扩招，高等院校在校生数量的激增，使得兵团高等院校教师数量存在严重缺口，加之教师队伍的流失，造成教师数量严重不足，导致师生比偏高，2017 年，兵团师生比为 0.085，在一定程度上严重影响了兵团高校的教学质量和教育水平的提高。从学历结构上看，兵团高校中具有博士学位的教师比例偏低，且在学科、专业之间分布不均衡；从年龄结构上看，年轻教师比例偏大，教师队伍中能担任教学和科研重任的、具有突出业绩的学术骨干和学科带头人较少。这样的形式和状况，定将影响高等教育的长远发展，科学合理的师资队伍结构是高质量教学，开展科研活动的保证。此外，高校师资队伍整体素质待提高，兵团高校教师的业务素质要进一步提高。现今，科学技术突飞猛进地发展，知识、信息和技术的更新与日俱增，作为知识的创造者和传播者的地方高校教师，没有深厚的功底很难适应学科相互渗透、科技不断发展的趋势，就不能更好地完成培养人才、科学研究和服务社会的历史任务。

（5）高等教育保障机制不健全、经费投入不足。

兵团本级无财政，高等院校资助政策的资金来源是中央财政拨款，无配套资金，相比较其他地区而言，兵团高等教育投入不足，这不仅影响兵团高等学校招生规模，也影响兵团边境团场和贫困团场高中毕业生进一步接受高等教育、富余劳动力接受高等教育与专业技能培训工作的进一步开展。同时，兵团高等院校经费保障机制不完善。与其他省区相比，兵团普通本科层次的高等教育院校招生数与毕业人数远低于全国平均水平。与兵团履行维稳戍边的历史使命相比，高等院校人才培养规模还需要进一步扩大。特别是近三年批复成立的新的高职院校，迫切需要加强能力建设、专业建设和教学质量提高，高职高专院校经费投入仍缺乏保障。

多数项目建设只有中央财政支持，经费来源渠道单一，实训基地投入资金相对较少，设备数量不足，性能不高，不能完全满足学校发展需要。而国家的拨款都是专项专用的，主要用于学校教职工的工资费用，以及学校在教学方面能够正常运行的开支，尽管高等院校设置专业的奖助学金渠道，但是，这些经费资金中并没有包含生均经费，办学费用严重缺乏，尤其是对本身基础就薄弱的兵团高职学校，经费的不足一定程度上制约了兵团高等教育的发展。另外，近几年，国家正在积极推行高等教育多元投入机制的改革，各省市也积极响应，探索加快推进高等教育的多元化投入机制，也取得了一定的成绩，但是，由于兵团经济和政策实施进程还处于落后阶段，在高等教育的多元化投入机制的探索研究还比较缺乏，也没有要求各个师市积极引入多元化的投资机制，未形成多元投资体制。这些因素，都导致兵团高等教育经费来源渠道单一，造成教学研究经费严重不足。

3.3.2　兵团高等教育供给侧结构性改革的必要性

分析目前兵团的产业结构可知，工业是兵团推进供给侧结构性改革的主战场。为推动工业供给侧结构性改革，更好地适应和引领经济发展新常态，推动经济发展方式转变和经济结构战略性调整。高等教育层次结构从社会分工角度反映了社会经济对不同层次人才的需求，在很大程度上由产业结构和技术结构决定。就生产要素供给和需求角度而言，经济社会与行业企业作为人力资源、技术等生产要素的需求方，而高等院校则作为其供给方。尤其在供给侧结构性改革背景下，产业结构完善及经济发展转型对这两种核心要素的质量又提出更为严格的要求，为使供需结构达到匹配状态，就必须综合改革高等教育，推动技术创新、丰富人力资本内涵、提升教育质量、转变发展模式，从而使得高等教育在提高生产效率和创新科技等方面起着重要的作用。

兵团目前仍以基础农业为主，工业在发展，但是很多工业仍然依赖于第一产业，因此兵团在发展工业的过程当中需要这一方面的人才，而高校恰恰以满足社会需求为导向培养人才的。兵团高校如何培养出进一步促进兵团社会发展的人才？这要求兵团高等院校进行教育供给侧改革，为社会培养有用人才。因此，兵团高校的教育供给侧改革对整个兵团产业结构，进一步推进供给侧改革起到非常重要的作用。

此外，兵团高等教育供给侧结构性改革，也是实现社会稳定长治久安的必然要求。当前，新疆正处于维稳戍边的重要时期。传统安全与非传统安全相互交织，对兵团现有战略布局、维稳力量和安全保障带来挑战。近几年，兵团不断强调"兵"的意识，提高"兵"的能力，增强军事训练，打造全国一流民兵队伍，建成兵地一体、上下联动、应对及时、处置有力的维稳指挥和常态参与机制，做到军警兵民"四位一体"管边控边。兵团现有职工已经不再是以驻疆部队、复转军人和支边青年为主体的队伍，而是军事素养薄弱，军事技能欠缺，国防意识都有待提高和培训，应对突发事件、解决武力冲突能力都有待不断增强的队伍，进行兵团高等教育供给侧结构性改革，提供具有高水平、高层次、高质量的军事技能人才，对在职在岗职工进行军事训练培养，提高维稳戍边能力至关重要。

第4章 兵团高等教育供给侧结构与产业结构 互动关系的实证研究

4.1 Moore 结构变化值的计算原理

通过之前的理论分析，在经济发展的低级阶段产业结构决定高等教育结构，在经济发展的高级阶段高等教育结构促进产业结构升级，高等教育结构与产业结构的适应性是一个动态互动的过程，即产业结构与各类高等教育结构之间存在一定的时间关联性。对于产业结构和各类高等教育结构互动关系的度量指标一般主要采用结构偏离度（K 值）和 Moore 结构变化值。

$$K = \sum_{i=0}^{n} |q_{i,1} - q_{i,0}| \qquad (4.1)$$

式中，K 为结构变动总量；$q_{i,0}$ 为基期结构数；$q_{i,1}$ 为当期结构数；i 为结构分类。

一般认为，结构偏离度只能看出整体各组成部分变动的总体程度，而无法看出组成部分各自变动的情况。因此，通常会放弃 K 值，而选择 Moore 结构变化值。Moore 结构变化值能够灵敏精确反映结构变化的动态过程。

Moore 结构变化值的计算公式为：

$$M_t^+ = \frac{\sum_{i=1}^{n}(W_{i,t} \times W_{i,t+1})}{\sqrt{\sum_{i=1}^{n} W_{i,t}^2} \times \sqrt{\sum_{i=1}^{n} W_{i,t+1}^2}} \qquad (4.2)$$

$$\cos\theta = M_t^+$$
$$\theta = \arccos M_t^+ \tag{4.3}$$

以上三个式子整合为:

$$e = \arccos M_t^+ = \arccos\frac{\sum_{i=1}^{n}(W_{i,t} \times W_{i,t+1})}{\sqrt{\sum_{i=1}^{n} W_{i,t}^2} \times \sqrt{\sum_{i=1}^{n} W_{i,t+1}^2}} \tag{4.4}$$

式中,e 为 Moore 结构变化值;$W_{i,t}$ 和 $W_{i,t+1}$ 分别为 t 时期 i 分类在整体中所占的结构数;e 越大表示结构变化越大。

4.2 兵团高等教育层次结构与产业结构

4.2.1 高等教育层次结构与产业结构的 Moore 结构变化值的构建

为了研究三大产业结构与高等教育结构之间的关联性,需要构建高等教育层次结构 Moore 结构变化值、高等教育类别结构 Moore 结构变化值、高等教育学科结构 Moore 结构变化值、高等教育布局结构 Moore 结构变化值及产业结构 Moore 结构变化值,但高等教育类别结构、学科结构及布局结构受数据获取所限,这里仅在构建高等教育层次结构 Moore 结构变化值与产业结构 Moore 结构变化值的基础上对其进行测算,分别用 e_{gc} 和 e_c 表示,其 Moore 结构变化值的组成见表 4-1。

表 4-1 Moore 结构变化值的构建

Moore 结构变化值	符号	组成	符号
高等教育层次结构	e_{gc}	高等专科教育毕业人数	C_1
		本科教育毕业人数	C_2
		研究生教育毕业人数	C_3
产业结构	e_c	第一产业增加值	Y_1
		第二产业增加值	Y_2
		第三产业增加值	Y_3

4.2.2 兵团高等教育层次结构与产业结构的 Moore 值

根据 Moore 结构变化值的计算公式，对 2006 年至 2017 年兵团高等教育层次结构、产业结构的衡量指标进行计算，可以得到 2006 年至 2017 年高等教育层次结构和产业结构的 Moore 结构变化值，具体见表 4-2。

表 4-2　2006 年至 2017 年高等教育层次结构与产业结构 Moore 结构变化值

年度	高等教育层次结构 e_{gc}	产业结构 e_c
2006	0.0825	0.0515
2007	0.0157	0.0619
2008	0.0165	0.0353
2009	0.0556	0.0607
2010	0.0168	0.0749
2011	0.0363	0.0261
2012	0.0158	0.0708
2013	0.0372	0.1043
2014	0.0378	0.0400
2015	0.0307	0.0301
2016	0.0618	0.0530
2017	0.0904	0.0699

从表 4-2 中高等教育层次结构与产业结构的 Moore 结构变化值来看，高等教育层次结构在 2017 年变化最大，其次是 2006 年和 2016 年，在 2007 年变化最小，其次是 2012 年和 2008 年。高等教育层次结构 Moore 结构变化值基本上在 0.041 上下波动，产业结构 Moore 结构变化值基本上在 0.057 上下波动。高等教育层次结构与产业结构的 Moore 结构变化值的标准差分别为 0.026 与 0.022，说明两者相对来说，产业结构的变化较小，兵团高等教育层次结构变化较大。由图 4-1 可知，高等教育层次结构与产业结构的 Moore 结构变化值变化的趋势从 2006 年到 2013 年是相背离的，在

2014 年之后两者的变化呈现相一致的态势，主要体现在兵团高等教育层次结构变化相对于产业结构变化存在一定的滞后性。下面通过测算两者之间的灰色关联度来进一步检验产业结构与高等教育层次结构之间的关联性。

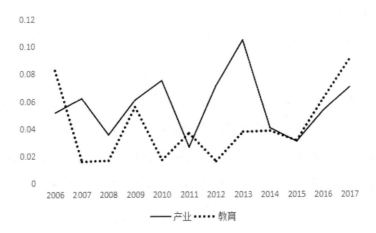

图 4-1　高等教育层次结构与产业结构 Moore 结构变化值

4.2.3　兵团高等教育层次结构与产业结构灰色关联度测算

对步长 0 至 4 的产业结构、高等教育层次结构的 Moore 结构变化值的绝对灰色关联度进行测算。分别选取 2006～2017 年的产业结构、高等教育层次结构的 Moore 结构变化值为特征基准序列，再分别以高等教育层次结构和产业结构的 Moore 结构变化值为行为序列，分别测算两结构之间的绝对灰色关联度。计算结果见表 4-3。

表 4-3　不同步长 T 的产业结构与高等教育层次结构之间的绝对灰色关联度

T	产业结构→高等教育层次结构	高等教育层次结构→产业结构
0	0.6770	0.6770
1	0.5768	0.6925
2	0.7706	0.7163
3	0.7501	0.7380
4	0.7977	0.6195

通过对不同步长的 Moore 结构变化值的绝对灰色关联度测算，绝对灰色关联度最大的值所对应的 T 就是系统行为序列相对于基准特征序列滞后的时间。依据对表 4-3 的计算结果进行分析可见，相对于产业结构的变动，兵团高等教育层次结构在 $T=4$ 时有最大的绝对灰色关联度，为 0.7977。因此说明在 2006 年至 2017 年间，兵团高等教育层次结构相对于产业结构变动的时滞为 4 年，说明 2006～2017 年间就毕业人数看，兵团普通高等教育层次结构相对于产业结构的调整时滞为四年，也就是说前四年产业结构对普通高等教育层次结构有决定性的影响，第四年之后，产业结构对普通高等教育层次结构的影响作用减弱。相对于兵团高等教育层次结构变动，产业结构在 $T=3$ 时有最大的绝对灰色关联度，为 0.7380，因此，说明在 2006 年至 2017 年间，产业结构相对于兵团高等教育层次结构变动的时滞为三年，也就是说从高校毕业学生人数来看，前三年的兵团高等教育层次结构对产业结构的调整有一定的作用，在一定程度上促进了产业结构的升级和改善，第三年之后，普通高等教育层次结构对于产业结构调整则存在缓慢的作用。

第5章 兵团高等教育供给侧结构与产业结构
升级协调性研究

5.1 兵团高等教育供给侧结构指标体系与兵团产业结构
升级指标体系构建

5.1.1 兵团高等教育供给侧结构指标体系构建

为了考察高等教育供给结构与兵团地区产业结构升级的关联性，借鉴相关文献，本书从以下几个方面构建高等教育作用指标体系，见表5-1。

表5-1　高等教育供给结构指标体系

目标层	系统层	指标层	指标单位	属性	权重
高等教育供给结构指标体系	高等教育人力资本	高等院校在校学生数	万人	+	0.092
		高等院校毕业生人数	万人	+	0.135
		每万人高等教育在校人数	人	+	0.075
	高等教育发展水平	高等院校专任教师数	万人	+	0.048
		高等院校数量	所	+	0.078
		高等院校学生占学生总数的比重	%	+	0.165
	高等教育投入水平	高等教育经费占全区教育经费的比重	%	+	0.093
		高等院校学生人均财政教育支出	元	+	0.316

注：表中的数据来源于2007～2018年《新疆生产建设兵团统计年鉴》。

指标体系的解释：高等院校在校学生数、高等院校毕业生人数反映新疆地区高等教育人力资本情况，高等院校教职工人数表明地区教师资源的配置情况，高等教育经费占全区教育经费的比重反映出高等教育在整个教育投入的状况及重视程度，每万人大专以上学历人数反映受过高等教育人员从事经济活动的状况，高等院校学生人均财政教育支出表明高等教育的投资水平，高等院校数量反映高等教育的形成水平，高等院校学生占学生总数的比重反映高等教育的发展水平。

5.1.2　兵团产业结构升级指标体系构建

（1）产业结构合理化指标的构建与测度。

设地区年生产总值 GDP=PI+SI+TI，其中 PI、SI、TI 分别为第一、二、三产业年生产总值。根据资源配置论，在理想状态下，产业结构合理化意味着同种资源的平均产出相等，因此设劳动投入要素对于第 i 次产业的平均劳动生产率为 $M(L)_i = P_i / n_i, i = 1,2,3$，其中 n_i 为第 i 次产业的劳动力数量，P_i 为第 i 次产业的生产总值。资本对于第 i 次产业的平均收益率为 $M(K)_i = P_i / I_i$，其中，I_i 为第 i 次产业的资本库存量，P_i 为第 i 次产业的生产总值。在产业结构合理的理想状态下，$M(L)_1 = M(L)_2 = M(L)_3$，$M(K)_1 = M(K)_2 = M(K)_3$。但现实往往不可能满足理想状态。因此，我们对产业结构的合理化的程度进行量化处理时采用偏离系数评价法。设劳动力投入要素在三次产业中的平均产出为：

$$M^*(L) = \frac{1}{n} \sum_{i=1}^{n} M(L)_i \tag{5.1}$$

在第 i 次产业劳动力要素投入的平均产出偏离系数为：

$$P_i(L) = \frac{1}{M^*(L)}(M(L)_i - M^*(L)) \tag{5.2}$$

资本投入要素在三次产业中的平均收益率为：

$$M^*(K) = \frac{1}{n} \sum_{i=1}^{n} M(K)_i \tag{5.3}$$

资本投入要素在第 i 次产业的投资偏离系数为：

$$P_i(K) = \frac{1}{M^*(K)}(M(K)_i - M^*(K)) \tag{5.4}$$

由此我们可以得到产业结构的综合平均产量偏离系数为：

$$P = \frac{1}{2n} \sum_{i=1}^{n} (P_i(L) + P_i(K)) \tag{5.5}$$

为了便于比较衡量兵团各年的产业结构状况,我们取 $S = 1/P$ 用来衡量产业结构的合理化程度,产业结构的合理化程度越高代表 S 的值越大,反之,S 的值越小说明产业结构的合理化程度越低。

(2)产业结构高级化水平测度。

在国内学者的实证文献中,关于产业结构高级化水平测度的方法有多种,一种是静态的直观比较法,即通过所研究区域的经济产业结构比例的关系与发达国家的产业结构或者所谓的"标准结构"的产业结构相比较,判断所研究区域的产业高级化水平。二是动态比较判别的方法,该方法通过构建某些可以量化的指标,然后通过距离判别法、相关系数法与另外一个经济的产业结构系统高级化水平进行判别。三是指标判定法,即通过一种或几种可以量化的指标体系,判别区域的产业结构高度水平。通过比较,本书采用付凌晖(2010)对产业结构高级化的测度方法,定义产业结构高级化指标(AIS)如下:首先根据三次产业将 GDP 划分为三个部分,从而便构造出一组三维向量 $X_0 = (x_{1,0}, x_{2,0}, x_{3,0})$。三维空间向量的每一个分量代表以三次产业划分的每个部分的产业增加值占 GDP 的比重。然后,分别计算 X_0 与产业的由低层次到高层次排列的向量 $X_1 = (1,0,0), X_2 = (0,1,0),$ $X_3 = (0,0,1)$ 间的夹角 $\theta_1, \theta_2, \theta_3$,其中:

$$\theta_j = \arccos\left(\left(\sum_{i=1}^{3}(x_{i,j} \times x_{i,0})\right) \Big/ \left(\sum_{i=1}^{3}x_{i,j}^2\right)^{\frac{1}{2}} \cdot \left(\sum_{i=1}^{3}x_{i,0}^2\right)^{\frac{1}{2}}\right), \quad i, j = 1, 2, 3 \qquad (5.6)$$

其次,定义产业高级化指标(AIS)计算公式如下:

$$AIS = \sum_{k=1}^{3}\sum_{j=1}^{k}\theta_j \qquad (5.7)$$

产业高级化指标 AIS 的值越大说明产业结构的高级化程度越高,反之,AIS 值越小表明产业结构高级化程度越低。

根据 2007~2018 年《新疆生产建设兵团统计年鉴》数据,测算出 2006~2017 年间兵团产业结构合理化与高级化水平,见表 5-2。产业结构升级的测度表明,兵团第一产业、第二产业偏离度呈逐渐上升趋势，而第三产业偏离度在考察期内逐渐下降，兵团产业结构逐渐趋于合理化与高级化，但由于历史、经济等诸多因素的限制，兵团的产业结构高级化水平仍低于全国平均水平。维稳戍边作为中国治边政策的主要内容之一，也是兵团的重要历史使命，使得兵团的产业结构依然是以农业生产为主，农业在第一产业的比重偏大，从而导致了第一产业的比重过大，尽管随着经济的发展，兵团第三产业发展迅速，但总体上第三产业所占比重依旧不高，导致兵团产业结构高级化水平偏低。

表 5-2　兵团产业结构升级的测度结果

年份	一产偏离度	二产偏离度	三产偏离度	合理化系数	高级化系数
2006	0.566	0.434	1.000	1.948	5.711
2007	0.600	0.433	1.033	1.893	5.686
2008	0.597	0.358	0.955	1.714	5.703
2009	0.631	0.284	0.915	1.629	5.714
2010	0.638	0.218	0.857	1.523	5.604
2011	0.584	0.147	0.731	1.597	5.641
2012	0.595	0.045	0.550	1.517	5.662
2013	0.604	0.229	0.375	1.520	5.765
2014	0.666	0.418	0.248	1.697	5.934
2015	0.745	0.636	0.110	1.873	6.002
2016	0.782	0.713	0.069	2.018	6.019
2017	0.815	0.882	0.067	2.127	6.055

5.2　兵团高等教育供给侧结构与产业结构升级的协调性分析

5.2.1　数据来源和处理

为了深入研究高等教育供给结构与产业结构升级的协调度变化及其时空演变特征，采用兵团 2006～2017 年的数据作为样本进行分析，数据来源于 2007～2018

年的《新疆生产建设兵团统计年鉴》《中国教育经费统计年鉴》《中国教育统计年鉴》以及历年统计公报。此外，为了保证数据的一致性，当网站数据与统计年鉴数据不一致时，以年鉴数据为准。文中关于三次产业的资本存量的测算，根据 Goldsmith 的永续盘存法（Perpetual Inventory Method）得出，其公式为：

$$K_t = \frac{I_t}{P_t} + (1 - \sigma_t)K_{t-1} \tag{5.8}$$

式中，K_t 为第 t 年的实际资本存量；I_t 为该年的实际固定资产投资额；P_t 为固定资产的价格指数；σ_t 为资产折旧系数。固定资产价格指数以 2000 年为基期计算所得，资产折旧系数的选择根据以往文献研究，本书采用 $\sigma = 0.05$ 的折旧率，对于基期资本存量的测算本书借鉴李仁君（2010）的方法，李仁君利用国际研究的通用方法测算出我国 1986～2007 年的资本存量，其方法为：

$$K_t = \frac{I_t}{P_t} * \left(\frac{1}{g + \sigma} \right) \tag{5.9}$$

式中，g 为固定资产的年平均增长率；折旧率 σ =0.05。根据基期固定资产投资与该年投资价格指数可以算出三次产业的资本存量，三者相加即可得到基期的社会资本存量，代入式（5.9）可以得到兵团各年的资本存量。

5.2.2 研究方法

（1）变异系数法。

教育结构与产业结构升级间的关系评价是有关多因素综合评价的过程，为了避免各评价指标数据量纲不同对最后评价结果产生影响，文中利用均值化法对原始数据进行处理。目前，关于指标权重确定的方法有很多，总体分为客观赋权法和主观赋权法，为了避免主观赋权法带来的人为主观因素引起的评价误差，文中采用变异系数法确定指标评价体系的权重，具体步骤如下。

首先，确定各项评价指标的均值：

$$\overline{x}_{ij} = \frac{x_1 + x_2 + ... + x_n}{n} = \frac{1}{n}\sum_{i=1}^{n} x_{ij} \qquad (5.10)$$

式中，x_{ij} 为第 i 个对象评价指标 j 的特征值；n 为评价指标的特征值个数；$\overline{x}_{ij}$ 为所有对象第 j 个指标特征值的平均值。

然后，确定各项评价指标特征值的标准差：

$$S_j = \sqrt{\frac{1}{n}\sum_{j=1}^{n}(x_{ij} - \overline{x}_j)^2} \qquad (5.11)$$

式中，S_j 为第 j 项指标特征值的标准差；$\overline{x}_j$ 为评价指标特征值的均值，则各项评价指标的变异系数为：

$$V_j = S_j / \overline{x}_j \qquad (5.12)$$

上式中 V_j 为第 j 项评价指标特征值的变异系数：

$$\omega_j = V_j / \sum_{j=1}^{n} V_j \qquad (5.13)$$

最后，由式（5.6）确定评价指标体系的权重，其中，$\sum V$ 为评价指标特征值的总和，ω_j 为第 j 项评价指标的权重。

通过对兵团 2006～2017 年高等教育综合发展指数的测算结果可知，在考察期内兵团高等教育供给结构不断优化，随着兵团经济的快速发展以及中央对口支援工作的进行，兵团整体高等教育发展较快，但总体水平仍然偏低。兵团高等教育作为兵团事业的重要组成部分，是兵团推进经济结构调整、促进经济发展的重要人才支撑，伴随着兵团及中央政策的扶持及大量教育资源的投入，近年来，兵团高等教育发展较为迅速，但由于其根基较为薄弱，使得兵团高等教育仍面临发展理念落后、基础能力不强、保障机制不健全、行业企业参与不足、人才培养的针对性和适应性不强等问题，致使兵团高等教育发展与发达地区仍有较大差异。

（2）耦合度模型。

耦合作为物理学概念，是指两个或两个以上的体系或运动形式通过各种相互作用而彼此影响的现象[43]。文中借助物理耦合模型建立我国高等教育结构与产业结构升级间的协调评价模型，探究两者之间的相互作用程度，以此反映高等教育结构与产业结构升级间的影响效果，耦合程度越大，表明耦合元素之间的发展方向越有序；耦合程度越小，表明耦合元素之间的发展方向缺乏有序性，要素间的关系也就缺乏稳定性。其评价模型如式（5.14）所示：

$$C = \sqrt{(U_1 U_2)/(U_1 + U_2)^2} \qquad (5.14)$$

式中，C 为高等教育结构与产业结构升级间的耦合度，且 $0 \leqslant C \leqslant 1$，当 $C = 1$ 时，高等教育结构与产业结构升级间的耦合状态为最优状态，耦合元素之间共同作用，并且向有序方向发展；若 $C = 0$，表明耦合元素之间处于无序状态，两者之间的发展方向呈不稳定性和无序性。

（3）协调性模型。

协调性作为系统与系统之间或者在系统内部的各要素配合得当、协调一致的过程，成为描述各事物间良性互动发展程度的重要概念，而协调度则指度量系统与系统之间协调度好坏的定量指标[44]。对于高等教育结构与产业结构升级间的协调度则是判断两者之间是否协调一致及交互耦合协调程度的重要指标。高等教育结构与产业结构升级间的协调度评价模型如下：

$$T = \sqrt{\alpha U_1 + \beta U_2} \qquad (5.15)$$
$$D = \sqrt{C \times T} \qquad (5.16)$$

式中，T 为高等教育结构与产业结构升级间的综合协调指数，并且 $\alpha + \beta = 1$，由于高等教育结构与产业结构升级同等重要，可知 $\alpha = \beta = 0.5$。D 为高等教育结构与产业结构升级间的协调程度指数。为了直观反映高等教育结构与产业结构升级间协调度所处发展阶段，借鉴已有文献[45]关于协调度大小的评价标准，采用均匀分布函数法确定 8 个协调度等级划分标准，见表 5-3。

表 5-3 高等教育结构与产业结构升级的协调度等级划分

分度	协调等级
$0 < D \leqslant 0.11$	严重失调阶段
$0.11 < D \leqslant 0.22$	中度失调阶段

续表

分度	协调等级
$0.23 \leqslant D \leqslant 0.34$	轻度失调阶段
$0.35 \leqslant D \leqslant 0.45$	濒临失调阶段
$0.46 \leqslant D \leqslant 0.57$	初级协调阶段
$0.58 \leqslant D \leqslant 0.69$	中级协调阶段
$0.7 \leqslant D \leqslant 0.81$	良好协调阶段
$0.82 < D \leqslant 1$	优质协调阶段

5.2.3 协调性分析

利用变异系数法对各指标赋权，考虑到数据的可获得性，本书仅分析兵团 2006～2017 年高等教育供给结构与产业结构升级间的协调度水平。结合 2006～2017 年兵团标准化处理后的数据，计算不同区域的高等教育供给结构与产业结构升级间的协调度水平，如图 5-1 和表 5-4 所示。

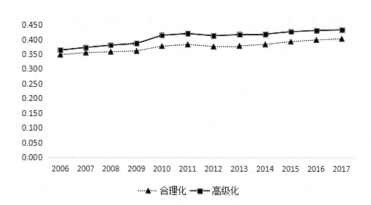

图 5-1　高等教育供给结构与产业结构升级协调度水平

表 5-4　2006～2017 年兵团高等教育供给结构与产业结构升级间的协调度水平

年份	2006	2007	2008	2009	2010	2011	2012	2013	2014	2015	2016	2017
合理化	0.349	0.355	0.358	0.361	0.378	0.383	0.376	0.379	0.384	0.394	0.399	0.403
高级化	0.364	0.373	0.381	0.387	0.415	0.421	0.413	0.417	0.419	0.427	0.432	0.435
平均值	0.356	0.364	0.370	0.374	0.396	0.402	0.395	0.398	0.402	0.411	0.416	0.419

从图 5-1 中可以看出两者间的协调度水平呈上升态势，其中高等教育供给结构与产业结构高级化间的协调水平涨幅要大于高等教育供给结构与产业结构合理化间的协调水平涨幅，并且兵团高等教育供给结构与产业结构升级间的协调度水平处于濒临失调状态，可能的原因是兵团整体的高等教育供给端的质量、效率和创新性并没有贴合市场的需求，并不能为产业结构升级提供直接的人才保障和智能支持。并且由于兵团自身经济发展水平的局限，高等教育结构与产业结构升级间无法形成良好的适应关系。

从整体协调水平来看，2006～2017 年间兵团高等教育供给结构与产业结构升级间的协调度水平有小幅度提升，高等教育供给结构与产业结构合理化的协调度水平从 0.349 上升到 0.403，但是考察期内的协调度水平均值只有 0.377，处于濒临失调水平；高等教育供给结构与产业结构高级化的协调度水平从 0.364 上升到 0.435，考察期内的协调度水平均值也只有 0.407，仍处于濒临失调阶段，表明兵团高等教育供给结构与产业结构升级间并没有形成良好的适应关系，其可能的原因是一方面两者的综合发展水平较低，使得两者的协调度难以提高，另一方面是由于近年来兵团经济发展较快，高等教育供给端的质量并不能满足经济发展转型中产业结构升级的需求，在现有的需求下，高等教育的投入不足及其本身存在的问题，严重制约着产业结构的转型升级，同时产业结构发展的不合理性，又影响教育的综合发展水平，从而使得两者难以形成良好的适应关系，而且这种情况并未随着时间的推移得到太大的改善。

实证分析结果表明：一是在考察期内兵团高等教育供给结构不断优化，但总体水平仍然偏低。产业结构升级的测度表明，兵团第一产业、第二产业偏离度呈逐渐上升趋势，而第三产业偏离度在考察期内逐渐下降，兵团产业结构逐渐趋于合理化与高级化，但由于兵团本身的历史原因，兵团的产业结构依然是以农业生产为主，从而导致了第一产业的比重过大，尽管随着经济的发展，兵团第三产业发展迅速，但总体上第三产业所占比重依旧不高，进而导致兵团产业结构高级化水平偏低，使得兵团的产业结构高级化水平仍低于全国平均水平。二是在考察期内兵团高等教育供给结构与产业结构升级两者间的协调度水平呈上升态势，高等教育供给结构与产业结构高级化间的协调水平涨幅要大于高等教育供给结构与产业结构合理化间的协调水平，但兵团高等教育供给结构与产业结构升级间的协调度水平处于濒临失调状态，使得高等教育结构与产业结构升级间无法形成良好的适应关系。

第6章　美英德澳及亚洲国家高等教育
结构改革的成功经验借鉴

"教育强则国强，教育弱则国弱"，高等教育的发展对于各国经济增长都是至关重要的，特别是对追赶型国家。高等教育逐步成为促进国家经济发展和增强综合国力的必备条件。美国、英国、德国、澳大利亚等发达国家以及日本、韩国、新加坡、以色列四个亚洲发达国家均通过高等教育的改革，高等教育结构，促进高等教育发展，实现了自己国家的经济快速发展。一般来说，高等教育改革主要包括总量和结构两个方面的内容，其中结构是决定高等教育改革成效的至关重要因素。

6.1　美英德澳发达国家的经验

6.1.1　美国的经验

美国作为世界上最发达的国家之一，其高等教育事业也比较发达，其主要特点有两个方面：一是其规模和种类庞大复杂。全国有三千多所高等学院，教师八十多万人，在校学生达两千多万人，外国学生近三十万。二是注重使学生获得新知识，培养学生的分析能力和独创精神。这种教育不是鼓励学生死记硬背，而是鼓励学生对已被普遍接受的观念提出异议，对所学的东西进行综合分析，解决新的不熟悉的问题。因而其无论规模还是质量皆属于世界前列。此外，美国高等教育入学率达到 89%，远超其他国家，在世界大学排名前 20 的榜单中，美国 17 所大学位列其中，排在世界前 100 的高等学校中，也有超过 40%是来自于美国。从结构上来看，美国的大学各有特点，高等教育体系较为完善，从教学方针、专业设置、考试项目到诸加 TOEFL 录取分数、收报名费等小问题，都各不相同，层次结构明显，实现差异化发展。从办学形式上来看，公立学校与私立学校在数量上差异不大，私立学校相对来说较多，其有公立高等院校近一千五百所，私立院校一千六百多所，如享誉世界的哈佛、耶鲁等都属于私立院校。从地域分布特征来看，美国高等院校主要分布在"东部 128 公路带""硅谷高等院校带"和"南部发射中心带"，形成区域分布较为明显的高等教育体系。

从发展历程来看，按照最新《国际教育标准分类法》，美国的高等教育的科类划分为理、工、农、医、人、文和社会等学科。第二次世界大战后，美国经济实现快速发展，因而其产业结构也随之发生变化，一产所占比重持续下降，二产所占比重也有所下降，而第三产业比重快速上升，正是这种工业化的快速发展，使得社会对高端人才需求增强，研究生教育成为社会需求，研究生课程和种类逐步扩大，博士层次教育得到了空前发展。在新技术革命过程中，美国通过调整课程内容，增设新学科和跨学科课程，不断实行对高等教育的改革，以努力在世界上占据领先地位。

美国高等教育结构性改革的成功经验包括以下三个方面：

（1）以贴合市场为方向，调整专业学科结构。美国高等教育的办学宗旨与发展基础便是贴合经济社会需求与服务社会，因而其无论招生、培养，还是科研、教育，都与社会需求紧密结合。随着美国社会经济的不断发展，产业结构的不断调整，高等教育院校的专业结构也会根据社会需求而相应调整，及时调整专业设置和调节招生人数，使高等教育的科类结构始终紧紧围绕社会经济发展，处于一个动态调整、良性运转的自调节状态。还通过历届毕业生就业反馈的信息，以及最新的社会调查来检验过去学科专业设置的合理性情况，及时对学科专业进行调整，使高等教育永远充满生机和活力。

同时，根据经济的发展与社会需求，高等院校会增设新的专业和学科。随着各类学科的不断发展与细化，使得各个学科不断碰撞、交融，形成新的学科领域。如为适应现代技术管理的需求，增设了管理科学、技术教育等专业，为了满足经济可持续发展的要求，开设新能源、新材料、海洋生物生命科学等新兴专业。

（2）兼顾公平与效率，实现高等教育多层次共享发展。分权和非集中化是美国的高等教育管理体系的特点，因而使得美国高等教育多层次发展。美国的高等院校现有 3000 余所，分为大学、学院和社区学院。"正规大学"作为研究型高等机构，是社会精英的摇篮，大学的发展在一定程度上决定着美国未来的发展。而社区学院的存在就是为了兼顾教育公平，社区学院一般招收考试成绩平平的学生，为对口单位培养技术工人和职员，毕业时颁发副学士学位，还可以毕业后考入本科学校继续接受高等教育。可见，美国的高等教育并非完全的精英教育，学习不足的其他学生依然可以接受公平的高等教育机会，从而避免高等院校在区域分布不均衡的问题。

（3）合作教育，注重"产—学—研"相结合。美国的合作教育是以促进学生就业为目的的。产—学—研合作主要通过工业与大学合作建立研究中心、技术中心或合作办工厂，毕业生可以去这些地方实习，毕业后还可以留下工作。

此外，美国的高等教育结构灵活多样，兼容并包。学校有一定的自主性，学生入校后也有一定的自由度，可以转学、转专业。这样也可以有效地保证高等教育结构可以及时根据需求而变化。

6.1.2　英国的经验

英国作为一个最早产生阶级革命与工业革命的老牌的发达国家，也是现代高等教育起步和发展历史最悠久的国家之一，创办了世界上最早的大学——牛津大学、剑桥大学。即便是时至今日，英国的高等教育依然具备其他国家无以匹敌的特质——其独特的高等教育质量管理及治理模式举世闻名。2020 年 QS 世界大学排行榜上，TOP20 大学中，英国有 5 所大学跻身其中，占据了 1/4，共有 18 所大学入围世界 TOP100，其数量在欧洲国家排名第一，世界排名第二，可以说英国的高等教育在世界排行榜上实力雄厚，其高等教育质量也受到全球各国的认可。回顾英国高等教育的发展后可以将其粗略分为三个阶段：首先是古典大学时期，这个时期的高等教育比较单一，主要是以牛津大学、剑桥大学、爱丁堡大学为代表；随后而来的是红砖大学时期，这个阶段中，工业革命的爆发促使了新一代技术革新，为了适应该时期的经济社会发展，英国借鉴德国的经验建立了一批专门培训特殊技术的技能型大学，曼彻斯特大学、伯明翰大学、利物浦大学、诺丁汉大学作为典型的代表；最后是平板玻璃大学时期，在这个阶段中，英国为了适应高等教育大众化的客观需求，根据 1963 年《罗宾斯报告》创办或升格了一大批新型大学，其中尤以约克大学、巴斯大学为代表。从地域分布结构上看，英国高校包括英格兰、北爱尔兰、苏格兰、威尔士高校四部分，苏格兰有 3 所大学出现在排名前 25 位，分别是爱丁堡大学、格拉斯哥大学和阿伯丁大学；威尔士最好的大学是英国卡迪夫大学，排名第 27 位；北爱尔兰排名最佳的大学则是贝尔法斯特女王大学。总体来说，在英国顶级大学中，大约有 20 个是在伦敦，包括著名院校如伦敦帝国学院、伦敦大学学院，以及最近成立的大学，如威斯敏斯特大学和格林威治大学。

高校发展模式与高校自身的类型、发展历史、发展的水平与规模因素有关。英国的高校一般可以分为三种，即大学、学院和提供高等教育课程的继续教育学院，在学院类型中又划分为普通学科学院与专门学科学院两种。从办学形式上看，英国高校具有与其他国家迥异的办学模式，可以将其概括为"公立＋国家资助＋民营机制"。总体上看，绝大多数英国高等学校都属于公立法人，而国家政府只是加以经费支持的帮助，但是与此同时，政府也并不仅仅是一般意义上的掌控者，英国政府同时也拥有着最高控制权，掌控了高等院校学生和欧盟国家的高校学生的学费标准。此外，英国政府却放开了对其他国家的国际学生的收费标准，也就是说英国的高等院校具备了很大的办学自主权和自治权。

尽管从整体上看英国的高等教育发展优势显著，但是其所面临的挑战也非常明显：首先是当前整体的经济大环境不景气，英国有限的财政经费难以支撑如此庞大数量高等学院的经费支出，尤其是头部顶端高校的科研经费无疑面临了巨大的考验；其次是美国的高等学府对全球人才的吸引程度也越来越明显，同时中国（双一流建设）、德国（精英大学计划）等国家的高等院校也紧随其后，给英国的院校带来了巨大的压力。但是，英国的高等教育发展建设毕竟经历了 800 多年的经验沉淀，300 多年的资本主义现代化的复合影响。英国高等教育结构性改革成功经验主要表现在：

（1）激励新型高等教育院校进军教育市场，完善高等教育层次结构。

有效的市场中不能只存在垄断性企业，教育市场也是如此。在英国高等教育市场化竞争的过程中，老牌的、知名的学府具备了新兴院校无可替代的资源与经验，这就使得众多新世纪诞生的高等教育学府无法加以抗衡，不利于高等院校层次结构的进一步完善。英国及时加以改革，为新兴高等院校的学位授予权提供便利，灵活地设定了申请学位授予权的不同途径。通过改革删除了总体学生的数量要求，使得部分高等院校规模相对较小的高等学府或者注重专业化教育的机构从中得到便利，促进高等教育层次结构的多方位发展。

（2）加强课程的国际化，推动高等教育学科结构的发展。

在当前国际化日益明显的经济社会，任何国家都不能独立于世界而存在。高等院校课程的国际化是培养具备国际化视野的高端人才的重要前提。英国的高等院校早早的就意识到这一点，其高度重视海外市场，积极引进海外学子交流学习并促进本国学生形成国际化视野。21 世纪以来，英国政府先后颁布了《高等教育白皮书》《高等教育绿皮书》以及《国际教育：全球增长和繁荣》。种种条文均为其高等教育的学科结构改革指明了方向，重视国际化课程的设立进一步完善了英国高等教育的学科结构，巩固了其在高等教育层面世界领先的地位。

6.1.3　德国的经验

德国是全球最大经济体——欧盟的核心成员国，也是举世瞩目的工业强国，经济总量占全欧洲的1/3。而德国国力的强大得益于其先进的教育体系，特别是其独特的、高质量的高等教育。第一次世界大战之前，德国的高等教育一直都是全世界的典范，德国许多大学均有数百年的历史。德国近代高等教育改革的先驱者威廉·冯·洪堡（1767－1835）提出的"研究与教学相统一"的思想至今仍被推崇为大学治学的指导原则。伴随工业经济的飞速发展，需要培养大量具有解决生产中实际问题能力的专门人才，同时也因为新人文主义的产生，影响到学校教育发展的方向，使得德国高等教育走向多样化发展之路。

从高等教育规模来看，德国高等教育非常普及，各类高等院校共有390多所，分布在16个联邦州，注册学生总人数约250万，高等教育的入学率达到了60%，其中综合大学（包括理工大学、师范大学等）121所；应用科学大学215所；艺术、音乐院校56所，各类大学共设专业近16000多个。从办学性质来看，德国大部分高校是由国家资助，还有几所由基督教会或天主教会资助。除此之外，目前还有国家承认学历的约110多所私立大学，其中大部分是应用科学大学。从结构上来看，德国的高等院校根据其任务性质可分为三种类型：理论知识与科研能力并重的综合大学、专业能力较强且偏向于应用的应用科学大学和注重学生个性与艺术能力的艺术院校。综合大学主要是培养科学后备力量，强调专业理论知识的系统化，其毕业生通常都有较强的独立工作和科学研究能力。此外，德国拥有发达的职业教育体系，为工业技术发展输出大量人才保障，这也是德国工业强国的根本保障。

第一次世界大战前后，为适应社会发展的需求，德国高等教育进行了数次改革，使得德国高等教育不断发展，其传统大学以"洪堡精神"为基础，恪守学术的绝对自由，反对教育的实用化。第二次世界大战结束后，德国经济快速扩张，大学为满足社会对人才的需求而进行了扩招，各邦皆致力于将每个地方不同的教育体系同化，使各邦皆有各自成体系的教育结构。但这也造成了有史以来最复杂和多样的学校系统，尽管如此，仍未改变精英教育的基本结构。直至 20 世纪 60 年代末出现了大学运动，推动了德国大学都按照哈勒大学以及哥廷根大学的模式进行了改革，使得德国大学进入大众化阶段。改革后的德国大学充满了活力，在德国的学术研究和国家生活中发挥了重要作用，并成为当时世界各国大学效法的典范。

20 世纪 80 年代，德国开始针对教育体系的发展与结构进行一些改革，主要内容包括：

高等教育体系结构组成。一是在第一次世界大战前后所建的以研究为主的大学，简称为学术型大学。二是为满足经济社会快速发展的需求，通过转型升级的高等专业学院。大学以教学和科研为主，高等专业学院则以应用为主。

学术教育与职业教育并重。德国作为联邦国家，各州政府拥有教育的自治权，教育体制主要以联邦主义为其核心，因而国家很难对高等教育施加重大影响。此外，联邦共治使得德国并未有统一的高考，因而大学与高等专业学院没有地位上的差别。

双元制职业教育。双元制职业教育，起源于德国，并对其他国家产生了重要影响。所谓双元制便是校企合作办学，整个培训过程是在工厂企业和国家的职业学校进行，并且这种教育模式又以企业培训为主，企业中的实践和在职业学校中的理论教学密切结合。学生约 60%～70% 的时间在企业，40%～30% 的时间在学校。在培训的组织方式上，采用由企业进行实际操作方面的培训，培训学校完成相应的理论知识的培训，企业与职业学校两方面共同完成对职业学校学生的培训工作。同时这种职业教育也扩展到青少年，以及为成人提供终身制教育。

1998～2006 年的改革则以市场化和国际化为主导。在欧洲的"博洛尼亚进程"

中，德国高等教育机构同样扮演了关键性的角色。几乎所有德国高校都引进了国际通用的学士和硕士项目，截止到目前，在绝大多数的德国高校中，学士和硕士学位体系已经取代了传统的学位体系。新的体制促使大学教育尽量去适应就业市场的需求。那些将来不想从事学术研究的学生，可以攻读学士学位，三年或四年以后毕业，就能够获得从业时需要的基本专业技能。

2007 年的改革则以高等教育地方化为核心。为提高办学效率，简化办事流程，此次改革规定 2013 年后所有高校建设归地方政府。此外，为了促进教育公平，德国三次修改《联邦教育促进法》，使得家庭贫困的孩子同样享受受教育的权利。

通过以上分析，德国为适应经济社会发展不断尝试高等教育改革，这些改革既保留了传统的教学思想，也吸收了新的教学理念，这些人才培养方式的不断探索对于德国保持工业化强国地位奠定了夯实的基础。

6.1.4 澳大利亚的经验

20 世纪 90 年代以来澳大利亚作为全球经济发展最为强劲的国家之一，一直将发展高等教育作为国家战略的基石，其高等教育在以知识增长和创新为基础的健康的澳大利亚经济体系中扮演着越来越重要的角色。澳大利亚的教育在全球属一流水平，全国共有 42 所大学，除 2 所私立大学外——邦德大学（Bond University）和北梅铎大学（North Murdoch University），其余为公立大学。有 11 所大学的科研排名进榜世界前 500。澳大利亚的大学区分优劣用的是星级标准，星级是根据大学国际排名、本地人口碑、国外人口碑、学生口碑、就业率、就业起薪、学校环境、教师满意度以及国际名牌教授数量（获得重大奖项，如诺贝尔）等指标来制订的。高等教育的发展在澳大利亚国家经济结构从传统产业向知识产业转型的过程中起到了重要作用，目前以知识为基础的行业对澳大利亚 GDP 的贡献接近半数。

澳大利亚高等教育体系主要沿袭英国模式和脉系，二战前，澳洲高等教育总体水平并不高，国际影响很小。二战后，伴随 20 世纪七八十年代知识经济的兴起，澳大利亚高等教育获得了长足发展。目前，澳大利亚不仅是高等教育大国，也是高等教育强国。从高等教育的地位上看：在当前经济全球化和社会信息化背景下，澳大利亚政府清晰意识到国民素质提升和高层次专门人才培养之于国家发展和存亡的重要意义，因此从巩固国防、维护国家安全、提升国家综合实力的战略高度来认识和确立高等教育的重要地位。澳大利亚高等教育联合会主席托马斯·杰斐逊（Thomas·Jefferson）明确提出："教育是国家的第一国防"。不可否认，政府层面对高等教育的支持力度直接影响了国家的教育水平发展，澳大利亚的高等教育在政府的支持下发展得也是如火如荼；从产业结构上看，澳大利亚政府坚持把高等教育作为产业来办并使其成为知识经济时代支撑国家经济社会发展的第二大支柱产业。在高等教育产业战略中，澳大利亚主要是发展海外留学生并于诸多国家建立了跨境合作办学关系。

澳大利亚主要有 4 种办学模式：特许经营、课程衔接、海外分校和远程教育。特许经营是指某国的某所高等院校授权另一国的高等院校提供其教育服务，是将本应在国外院校留学完成的课程，通过国外院校的授权，全部或部分转移到国内。例如，格里菲斯大学（Griffith University）与香港中文大学合作开办酒店管理专业，学制 1 年半，采用全英文教学方式，所有课程由格里菲斯大学教师讲授，香港中文大学仅做部分补充；课程衔接也叫学分转移，是随着欧洲一体化进程和学分转换系统的实施而发展起来的。澳大利亚部分跨国办学项目也采用这种形式，指两所或两所以上的高等院校合作办学，依照学分转移的办法共同设定一个学习项目，学生在其中一所院校获得的学分为其他院校所认可，学生可随带所得学分转入其合作院校并获得学位。例如，北京师范大学珠海分校和澳大利亚科廷科技大学（Curtin University of Technology）联合举办的国际课程班；海外分校是指输出国的高等教育机构在他国建立分校，采用与母校同样的教学方法、课程等，毕业后授予学生母校的学位，海外分校一般具有独立的法人地位。例如澳大利亚科廷科技大学马来西亚分校（Curtin University of Technology Sarawak Campus Malaysia），学校采用澳方办学模式，提供澳方课程，教学由澳方和本土教师联合负责，招收马来西亚和其他国家学生，学生毕业授予科廷科技大学学位证书；远程教育是伴随着信息技术的出现而发展起来的教育形式。例如，中央昆士兰大学与新加坡哈特佛德管理中心共同设置了商业学士学位，学制 3 年，采用澳方教学标准和课程计划，通过远程多媒体教学，学生毕业可获得中央昆士兰大学学士学位。实际上，澳大利亚高等教育结构性改革成功的经验主要为：

（1）坚持跨国高等教育产业化，推动高等教育结构合理化。

教育产业化是当前国际形势的大趋势，澳大利亚始终致力于引导国民建立"教育即发展"的理念并及时根据国际形势的变化进行调整，将人口众多、需求量大且教育水平相对落后的亚洲作为其教育输出的主要市场，逐步扩大其办学规模，促进教育产业化的不断发展。澳大利亚针对亚洲各国的人才空缺，调整本国高等教育的学科结构，通过对相关学科的结构调整产出与需求相匹配的人才。

（2）发挥高等学校分类的导向作用，完善高等教育类型结构。

澳大利亚高等教育在引入市场机制后，为了确保高等教育市场竞争力，大学开始走向分层，高等学校分类有其产生的必然性。大学的功能不尽相同，有研究型大学也有应用型大学，不同的学校层次培养不同层次的学生。毫无疑问，澳大利亚的这种高等教育类型结构改革在一定程度上实现了其国内有限社会资源的合理分配，促进了经济的平稳发展。

6.2　亚洲相关国家的经验

6.2.1　日本的经验

第二次世界大战后，日本的经济发展经历了战后经济恢复、经济高速发展、经济低速发展、长期经济停滞这四个阶段。20 世纪 50 年代至 70 年代，日本经济高速增长，始终保持 8%～13% 的经济增速，在重化学工业迅速发展的基础上，日本的国际竞争力迅速提高。由此，日本世界第二经济大国的地位不仅进一步巩固了，而且还开始被称为"世界第二超级经济大国"，这样，日本经济就达到了战后的顶点。除了得益于当时有利的外部环境，日本高等教育对经济增长的贡献尤为突出，日本国内生产总值的 4% 为初等教育水平的劳动者贡献的，受中等教育的劳动者贡献了 38%，而其余的贡献均为受高等教育的劳动者创造的。因此，高等教育可以说是日本经济增长的根本动力，而不断进行高等教育改革则是其高等教育发展的源泉。

一般来说，战后的日本高等教育改革分为四个阶段：恢复期的"民主化"（1945—1952）、经济高速发展期的"大众化"（1952—1980）、经济低速发展期的"自由化"（1980—1999）及经济停滞期的"结构性改革"（2001 年至今）。

20 世纪初，为了适应帝国主义扩张侵略和经济发展的需要，日本在这个时期大力加强军国主义教育，积极发展职业教育，重点改革与发展高等教育。在引入西方现代教育体制的基础上，实行了以教育民主化为宗旨的改革，进而促进高等教育"一元化"发展。

经济高速发展时期，日本政府实行"国民经济倍增计划"，由于经济扩张速度过快，日本高等教育面临严重的扩招质量下降及全国性爆发的学潮，为此，日本政府进行了一系列的探索性改革尝试。在以美国教育为样板确立资产阶级民主教育制度的同时，实施了一系列的措施，对日本的教育界产生了深刻的影响。但日本的高等教育体系则是介于欧洲部分国家与美国之间，与欧洲部分国家相同，国立大学实施"精英教育"，与美国不同，其"大众化"教育则由私立学校实现。在此改革期间，日本高等教育实现快速发展，1960～1970 年间，高等教育数量增长 75%，招收数量扩大 2.4 倍，至 20 世纪 70 年代中期，日本高等教育便进入了"大众化"阶段。同时，私立大学的数量快速增长，进而引起结构变化，私立大学数量的增长速度要大于国立大学的增长速度，因而可以说，经济的高速增长促进了私立大学的增长，而日本高等教育的"大众化"主要是依靠私立大学实现的。

由于 20 世纪 80～90 年代各国高等教育的迅猛发展及日本自身的变化，促使日本进行了一系列高等教育改革。其中 80 年代的高等教育改革尝试一度被认为"有去无动"，即方向明确，但措施未施。90 年代，经济全球化的到来，使得科技交融跨学科、跨领域，加之日本人口"老龄化"和"少子化"的人口困境，促使高等教育以更少的数量提供更优质的人才。这一阶段日本高等教育改革的重心便是提高教育质量同时多元化发展。首先，改革和发展研究生教育，在扩大研究生招生比例的同时注重研究生质量的培养。其次，大学引入了自我评价机制。提出向终身教育原则过渡，加强学校教育、社会教育和家庭教育之间的联系。再次，建立核心研究基地（Center of Excellent，COE）。

2001 年日本项目部省大臣远山敦子提出"远山方针"，以创建高水平大学，创造人才大国为核心，重点把最优秀的 30 所大学扶植成世界最优秀的大学。为促进高等教育的不断发展，采取了民间经营方式，以便大学更具有灵活性和国际竞争力，实现独立大学的法人化，引入竞争机制和企业化管理方式，重建大学评价体系，同时强化产研结合。

通过以上的分析，日本教育改革是非常成功的，以贴合经济社会需求为方向，不断进行高等教育改革，在促进经济发展的同时使得战后日本迅速完成"追赶式"战略。

6.2.2 韩国的经验

韩国在建国初期是世界上最贫穷的国家之一，其所处的地理位置自然资源极度贫瘠而且建国之初并未有良好的工业基础沉淀。1961 年的韩国 GDP 甚至达不到 21 亿美元，那时候的韩国甚至被人们加以"最没有希望的国家"的称号。但是随后的发展中，韩国经济一路狂奔，保持高速增长，不但创造了举世闻名的"汉江奇迹"，还一跃成为"亚洲四小龙"之一。整体而言，韩国经济保持高速发展有众多原因，比如日本、美国等国家的支援帮助，产业结构的适当调整等，但不可否认的是，其高等教育的转型发展也起到了举足轻重的作用。

"二战"结束之时，韩国的经济非常落后，没有足够的经济支持，高等教育的发展更是远远落后其他国家，具备高等教育水平、能培养高等素质人才的院校只有 19 所，在校生也仅仅只有 7891 名。幸运的是，那时的美军将美式教育原模原样照搬到韩国，并不对韩国的教育模式进行管制，完全放任其自由运行。这种教育发展政策对韩国民办高等院校的蓬勃发展起到了巨大的积极作用。1945～1960 年，韩国的高等院校在校生数量达到 10 万多人，接受教育的观念深入人心。但是这种自由放松的教育管制在一切都处于落后的韩国中也不可避免地存在一定程度的盲目性，教育发展参差不齐为韩国高等教育的可持续发展埋下了隐患。20世纪 60 年代，韩国政府意识到这种自由所带来的弊端，下令进行整顿管制。政府通过对大学进行管制，严格把控民办高等院校的数量和质量，对高等院校层次结构、学科机构等加以改革变动。种种举措的落实，推动了韩国高等教育逐步走向成熟阶段，在一定程度上解决了高等教育所培养的技能型人才与社会需求不匹配的矛盾，既在一定程度上抵消了 50 年代韩国盲目发展高等教育所带来的弊端影响，也为韩国 70 年代高等教育的进一步飞速发展奠定了良好的基础。

20 世纪 70 年代是韩国高等教育的一个关键时期。在这个阶段中，韩国成功实施了经济社会发展的第三、第四个五年计划，基本摆脱了建国时期贫瘠落后的社会状态，产业结构也逐步由轻工业走向重工业，腾飞的经济必然会带来大量的岗位空缺，而这些岗位客观上便需要大量的高端技能型人才加以匹配，由此便进一步刺激了韩国高等教育的体制改革并促使其高等教育规模的进一步扩大。1980年韩国高等教育所培养的学生数量进一步扩大到 60 万之多，高等教育的院校毛入学率甚至达到 14.7%。可以说，韩国已基本达到高等教育大众化的阶段。而这些成就能够实现的根本原因在于韩国高等教育能够及时、准确地根据产业结构的变化而进行调整，学科层次和专业结构的调整帮助了韩国培育出能够契合社会需要的高层次人才，从而推动了韩国经济的高速发展；韩国高速发展的经济也反过来为高等教育提供了充沛的科研经费，实现了一种良好的正向反馈。

20 世纪 90 年代，随着适龄人口的下降，青年升学压力的减轻，韩国的高等教育改革开始致力于建立向社会全体人普及高等教育的终身学习的社会教育制度，大力推行自主化、多样化和特色化的办学模式。1995 年，韩国再一次完成了高等教育的一次跨越式里程碑，其培养规模达到了 336 万，毛入学率达到了 78%。1999 年政府制订了"面向 21 世纪的智力韩国 21 工程"（BK 工程），政策决定自 2000 年起，在随后的 7 年中，投入 12 亿美元资助高等学府成为全国甚至全球优秀学府。时至今日，根据 OCED 统计的 25～34 岁完成高等教育的人口比例中，韩国以 69.6% 的数值高居第一。即便是高等院校数量、经济实力远超韩国的美国，25～34 岁人口完成高等教育的比例也只有 50.4%，OCED 所统计的平均数值为 44.9%，如南非这种较为贫穷的国家地区中，该数值仅仅只有 5.6%。可以说，韩国通过高等教育的改革创新已经成为教育强国，其高等教育结构性改革存在诸多可供借鉴的经验：

（1）及时调整高等教育的层次结构。

韩国仅仅花费了 20 年时间便实现了高等教育的大众化，仅仅用了 15 年时间便完成了高等教育的普及化。如此短的时间里便完成了众多发达国家也无法超越的纪录，其层次结构的改革起到了极大的促进作用。50 年代，韩国建立起一批 2 年制初级学院；1963 年和 1969 年进一步新设立一批实业高职院校；90 年代末又紧跟随时代潮流，建立了网络大学，面向社会进行成人教育。教育规模不断扩大的同时，韩国也在抓紧高等职业教育的发展，随后的几年中又举办了研究生层次的职业教育。高等教育层次结构的发展为韩国经济发展提供了众多能满足社会需求的高级人才，推动了产业结构的进一步转型发展。

（2）多元化办学，完善高等教育的类型结构。

韩国的大学主要分为两类：国营（公立）大学和私立大学。其中私立大学在韩国的高等教育中占据主导地位，私立大学的数量占了总数的 85% 以上。与其他国家不同，韩国的私立院校教学水平甚至优于公立院校，其获得讲师职称的大学教师大多是博士毕业的高等人才。两类院校均受到教育部的监管，私立院校相对公立院校而言课程的设立更具备现实应用性，培养出的人才更能契合社会需求；公立院校的课程相对更为传统，公立和私立两类高等院校协同进步，一同促进了韩国高等教育的腾飞发展。

6.2.3 新加坡的经验

新加坡的高等教育发展历史并不悠久，不同于其他国家，其高等教育发展历程中也并没有其他教育强国的直接资助，几乎完全依靠自己本国的努力，在短短几十年里由一个贫穷落后的岛国逐步发展成为世界前列的教育强国，实现了高等教育培育规模和教学质量的大幅飞跃。新加坡的高等教育机构有大学、专科学院和教师培训性质的教育学院等形式，其独特的教育体系培养出大量能够推动国家高速发展的专业型人才，吸引了全球各地的优秀学子来新加坡留学、就业。同时也积极与其他国家的高等学府联合教学，互通有无，不断学习最新的教育方法和培养方案，兼具东西方文化和智慧，逐步奠定自己亚洲乃至全球教育强国的身份地位。

1965 年，实现独立的新加坡政府开始重视高等教育，首先针对殖民地所遗留下的问题进行清理解决。新加坡政府通过使用津贴等方法，花费了将近 10 年的时间逐步地将高等教育的教育权和人事权收归政府掌控，实现了新加坡高等教育改革史上最具备决定性的一步。在那个时期，新加坡的经济落后，资源匮乏，高等教育的层次结构混乱，无法为社会需求实现有效的匹配。为了解决这些问题，新加坡政府首先发展基础教育和中等职业教育。到了 20 世纪 70 年代末，新加坡的国民已经有相当一部分接受过教育，国内已经建立起较为完善的学术轨、职业轨体系；到 20 世纪 80~90 年代，新加坡政府开始将重心逐步转移到中学后教育培训——大学和技术学院，高等教育的培训开始逐步引起重视。1985~1995 年，新加坡高等院校的在校生由 39913 人扩大到 73939 人，将近翻倍的增长，新加坡的高等教育由此步入大众化教育的发展时期；1997 年，新加坡总理宣布将新加坡建设成为"东方波士顿"，将当时的新加坡两所大学——新加坡国立大学和南洋理工大学对标哈佛大学和麻省理工大学，着力于建设成为世界一流高校，由此开始重视高等院校的质量提升。2004 年，新加坡决定赋予高校更加充分的自主办学权，成立了大学自主、管理、资助委员会。改革的目标主要是使得当前仅有部分高校掌握自主办学权的社会现状进行改变，实现完全自主权。2007～2016 年，新加坡政府在高校科研的经费支出逐年增加，投入力度依次为公立高校、理工学院、初级学院、技术教育学院。

新加坡的高等教育结构性改革为新加坡的经济发展带来了强大的推动力，主要内容包括：

（1）高等教育必须紧跟潮流，适时调整学科结构。

新加坡自独立以来，始终跟随社会发展现状不断变更教育政策，由最初的精英型发展到现在的大众化，由原先的跟随英国高等教育模式变化为学习美国的高等教育经验。不同的社会时期所需要的技能型人才也不同，新加坡政府正是因为能够及时根据社会发展现状的岗位需求而调整高等教育的学科结构，其培养出的高级人才才能与时俱进，掌握着时代所需要的相关技能，推动其经济进一步增长。

（2）着重高等教育的层次结构改革，提高高等教育教学质量。

纵览新加坡高等教育改革历史可以发现，无论是处于何种时期，它始终关注着高等教育的层次结构。在精英型阶段，新加坡主要是重视高端学府的规划建设，高等教育的培育目标主要是培养尖端人才，虽然招生的数量少，但是产出的质量高；在大众化阶段以后，新加坡实现分批次管理，着重强化高等教育的层次结构改革，既要保证高端学府培育出尖端人才的质量不下滑，又要加大普通高等院校的建立落实，实现大众化发展。

6.2.4　以色列的经验

以色列被称为"创业国家"，其经济主要是依赖于学术水平和高新科技产业而持续增长并由于其优质的高等教育体系被全球各国广泛称赞。从 1948 年建国以来，以色列在不到 60 年的发展时间里，在全球竞争力排名中位列前 20 强。从绝对意义上说，以色列是继美国之后拥有最多高科技创新企业的国家，在国际上有"世界最小超级大国"的美誉。纵览历史，顶尖人才中的专家学者的人均论文被引次数、诺贝尔奖的获得者数量亦或是高科技创业公司的数量等方面，以色列始终处于世界前列。从高等教育的规模上看，以色列有超过 50%的适龄人口曾经接受过高等教育的熏陶。教育是以色列经济发展不可缺少的支撑力量，以色列不仅是在中东地区，在西亚都是数一数二的平均受教育水平最高的国家。根据联合国的统计数据，以色列也是中东地区识字率最高的国家。以色列有 65 所高等教育机构，主要包括 7 所研究型大学、1 所开放性大学、36 所学院（具体是 21 所公立学校和 15 所私立学校）、21 所高校教师培训学院。以色列高等教育阶段的学生人数大约为 31 万，其中本科生 238500 名，硕士研究生 59500 名，博士研究生 10800 名，攻读其他文凭的学生 1400 名。考虑到以色列总人口也才仅仅 905.3 万，其接受高等教育的人才数量依然非常庞大了。以色列高等院校中国际学生的数量所占比重相对较低，仅能达到 2.8%，但是以色列近些年越来越重视国际学生的影响力，不断扩大高等教育的国际化进程并与越来越多的国外大学开展相关合作。以色列重视教育是有历史原因的，3000多年前，犹太文化便是高度重视教育和学习的典型代表。1993 年，以色列教育经费占国民生产总值的 9%，高居世界第一。2011 年，以色列教育部宣布投入 21 亿美元用于高等教育的投资支出。同年，欧盟发布了一项研究报告，报告表明：2008年起，以色列每 357 平方米国土平均就有一所高等教育机构，这是一个非常高的覆盖率。从高等教育院校的规模上看，2011 年至 2012 年高等教育所培养的学生数量骤增了三倍，高等院校的数量也不断扩大，达 66 所之多。从高等教育的资金支持来源来看，以色列的高等教育财政支出主要来自于国家的补贴，近些年，以色列还鼓励高等教育院校从国际上积极寻求额外的资金支持。

以色列的教育改革，特别是高等教育结构性改革对其国防力量、经济进步以及社会发展起着重大的推进作用：

（1）高等教育学科结构强化改进实用性教育的国民教育体系。

高等教育的本质是为了培养出更好的适应社会发展的高素质人才，在进行高等教育时必须时刻围绕学以致用的原则，课程安排上也要注意实用性，让学生能够把课堂上所学的知识及时有效地转化成现实中能够应用到的技能。在高等教育的学科结构上，适时根据社会环境予以调整改变，逐步改变理论与现实两张皮的教育教学；在高等院校的层次结构上，尖端人才与大众化教育两手抓，既要培养高端人才也要重视全民受教育的进程落实。

（2）调整高等院校内部的层次结构，推动以色列经济发展。

以色列建国之后，尖端高等院校始终以科研创新为宗旨，逐渐形成了以高科技领域精英培养为主的教学特色。后来，随着经济社会的不断进步发展，为了满足国家宽层次、多类型的人才需求，以色列的高等教育开始转型逐步面向国民大众的普及教育。高等院校内部的层次开始分化，向上向下分别延伸，大学内部既包括研究院也涵盖了初级学院等，结构层次开始明显。随后的发展证明，以色列高等院校的这种层次结构推动了科技教育的社会职能化，促进了教育与社会生产的紧密结合并极大地推动了社会经济的发展。

6.3 美英德澳及亚洲国家高等教育结构改革对兵团的启示

尽管中国的高等教育发展历程与模式和这些发达国家有不同之处，但经济发展历程却有相似之处，同亚洲发达国家相比，中国作为典型的"后发型赶超国家"，高等教育与经济发展总是具有相似的同步关系，因而，通过对发达国家高等教育结构改革的解读、对比，可以加深对发达国家高等教育体系的了解，对于促进我国甚至兵团高等教育改革具有积极的借鉴意义。

6.3.1 以社会经济发展需求为导向

发达强国如美国、日本和德国的高等教育改革经验告诉我们：高等教育改革的方向应以社会发展需求为导向，学科的结构设置应与经济发展相结合，根据社会经济发展的需求调整高等教育学科结构，从而为经济发展提供高端人才动力和核心技术开发，满足重点、新兴产业的发展需求。美国、日本、德国等发达国家的高等教育科类结构改革表明高等教育学科结构与经济发展相结合的重要性，通过高等教育科类改革不仅使这些国家的高等教育规模得到持续的扩大，实现了高等教育大众化和普及化，还培养了一大批优秀的各层次、各领域的人才充实到社会中，进而带动了美国、日本、德国的国民经济社会和科学技术的快速发展。

改革开放以来，我国凭借投资、出口和消费三驾马车的拉动，国民经济实现长足发展以及质的飞跃。当前，作为非技术前沿国家，我国的科技进步主要依靠对世界前沿技术的引进、吸收和再创新，这种科技引进的经济增长效果在初期较为显著，但随着我国的创新水平与发达国家的距离快速的缩短，技术引进愈发困难，经济增长速度放缓，经济发展方式需要实现从要素驱动、投资驱动向创新驱动的转变，需要将科技、人才、创新作为经济社会持续发展的恒久动力。为此，以经济发展需求为导向，以高等教育结构改革为手段，提升兵团高等教育供给的质量、效率和效益，这对于实现高等教育的创新发展，促进兵团经济社会全面可持续发展无疑具有重要的战略意义。

6.3.2 规范和壮大民办教育，实现跨越式发展

根据工业化发展较快的国家经验来看，民办教育，私人办学模式已基本扮演高等教育发展的重要角色。比如在美国3941所高等院校中，公立大学有1643所，

占比为 41.7%，非营利性私立大学有 1681 所，占比为 42.7%，盈利性私立大学有 617 所，占比 15.6%，表明民办教育充当了美国高等教育半边天的角色，其在推动经济发展过程中扮演不可替代的重要作用。因此，注重民办教育量的适当扩张的同时更应注重提高民办教育的办学效率。同时对于推动高等教育体系内部良性竞争，起重要的催化作用。美国的高等教育公私并举的办学主体对于美国强大、开放、竞争的高等教育体系、推动高等教育跨越式发展具有重大意义。

6.3.3　处理好公平和效率的关系

随着经济发展水平的提高，高等教育不断由精英教育走向大众教育、普及教育阶段。精英教育作为特殊的选拔方式，在此阶段的高等教育注重效率，"竞争流动模式"使得产生的少数高端人才服务少数需求，而大众教育则以实现教育公平为主要目标。高等教育从精英教育到大众教育使受教育的面广了，社会的各个阶层的人都能上大学，使整个社会的受教育的程度有了很大的提高，产生不同层次的高素质人才来满足经济的发展。但是，这个过程需要循序渐进，过快则容易导致结构性失衡问题。如招生规模的扩大如何在不同层次的教育机构分配，再如不同专业扩招的结构如何能恰好适合产业结构调整和升级的要求等。过慢则不能满足经济社会的发展需求引起供需矛盾问题。因而，这种转变过程过快过慢都不行，需结合自己国家的历史沿革和现实条件做出正确的选择。

新常态下，随着我国经济增速的放缓，产业结构的不断升级，未来一段时期内，我国人力资本的要求将更高，为了实现教育强国战略，我国甚至于兵团需要在大众化教育和精英型教育方面进一步发展落实，兼顾培育质量，培养出能为社会服务同时也可以实现个人能力的最大化展示的新型人才。首先，在规模上，应进一步提高高等教育的入学率，尤其是适当扩大农村招生比例，兼顾公平的前提下，提高整个社会的受教育程度，积累足够的人力资本。另一方面，还要协调各层次高等教育院校的招生比例分配问题。如专科和本科以上招生规模的比例关系、重点院校与其他院校数量的比例关系、地区间教育资源分配的比例关系等。此外，中国在教育服务贸易领域刚刚起步，很多优秀人才选择出国留学，甚至定居海外，这对我国长久的经济发展并不友好，如何留住本国优秀人才、吸引海外优秀生源成为我国高等院校所面临的一个严峻的考验。审视英国、韩国、以色列的高等院校，其一流大学在吸引人才、引领创新方面发挥了举足轻重的作用。这对我国甚至于兵团高等教育所正在实施的"双一流"建设具备了重要的启示作用，在落实高等教育大众化的同时，也不应松懈对尖端学府的强化。兵团在推进"双一流"建设时应当注意科研经费的充足，适当扩大高等院校在科研方面的自主权，努力创造稳定踏实的科研环境，从而促进高校更好地实现正向回馈，紧跟全球科研的前沿领域。既要实现尖端学府的精英化培养，也要落实普通高等院校的大众化进程，同时也要兼顾公平与效率。

6.3.4 产研结合促进兵团高校走应用之路

经济的发展与产业结构升级最紧缺的是技术型、应用型人才。走好高等教育供给侧结构性改革之路，推动高校转型，除了要打破思想上的桎梏，还要实践于具体做法，改变人才培养模式，调整专业设置是关键性的第一步。同时，大力实施创新驱动发展战略，高等教育供给侧结构性改革要着力围绕服务国家创新发展，促进"大众创业、万众创新"，培育更多创新型人才。为此，单独依靠高校的资源是无法实现的，因而政府要建立相应的制度保障体系，促进产研结合。一方面，可以为兵团高校学生提供理论转化为实践的机会，有助于学生培养探索精神。另一方面，也为企业利用高校的知识资源提供了途径。

第7章　基于产业结构现状的兵团高等院校
调研、访谈及用人单位调研

高等院校是高等人才的核心供给方，其人才质量供给水平的高低在于其对需求的满足程度，学生是人才培养活动的主要承受方与需求方，而用人单位是人才的核心需求方。因此，为了深入了解高等教育人才培养质量现实情况，本书以调查问卷与访谈沟通的方式，从人才培养对象本身及需求方两个不同的视角切入，调查人才培养质量现状，探究人才培养质量的现存问题及其原因。

7.1　调查方案与问卷设计

7.1.1　调查方案

（1）调查目的。为了全面了解基于产业结构现状的兵团高等院校人才培养质量现状，探索人才培养质量问题，科学地设计对策建议，选取兵团三所高等院校的学生和10个不同行业性质的用人单位进行问卷调查，并辅之与该三所高校教育管理者访谈的方式。通过对这些调查结果的统计分析，发现影响高等院校人才培养质量供给的障碍因素，为科学地探究兵团高校人才培养质量存在的问题，以更准确地剖析问题存在的原因。

（2）调查对象与调查单位。为保证调查的真实性与有效性，全面而系统地了解兵团高等院校人才培养质量的现状，选取了三所院校，随机挑选了不同年级的学生进行了"学生调查问卷"（见附录 1）的问卷调查；选取了兵团不同行业性质的用人单位进行了"用人单位调查问卷"（见附录 2）的问卷调查。与此同时，选取了所调查高校的三位教育管理者进行访谈"教育管理者访谈题纲"（见附录 3）。

（3）调查方法与样本量的确定。学生调查随机抽取了石河子大学、塔里木大学及石河子职业技术学院的学生对其进行了实地调研，其中石河子大学代表北疆地区兵团普通本科院校，塔里木大学代表南疆地区兵团普通本科院校，石河子职业技术学院代表北疆地区兵团普通高等专科院校。对于有限总体，样本抽样的大小公式如下：

$$n \geq \frac{N}{\left(\frac{\alpha}{k}\right)^2 \frac{N-1}{P(1-P)}+1} \tag{7.1}$$

式中，N 为总体的样本数；P 为统计量的显著性；α 为显著性水平，一般将显著性水平设定为 0.05；k 为正态分布的分位数；n 为最少抽样的样本数。这里将显著性水平 α 设为 0.05，当统计量的显著性 P 值小于或等于 α 时，则拒绝零假设，接受备择假设；反之，则接受零假设，拒绝备择假设。本次调查当中，抽取的样本数为：

$$n \geq \frac{N}{\left(\frac{\alpha}{k}\right)^2 \frac{N-1}{P(1-P)}+1} = \frac{2669050}{\left(\frac{0.05}{1.96}\right)^2 \times \frac{2669050-1}{0.50(1-0.50)}+1} \approx 384$$

所以抽取的样本量应当至少在 384 个以上，考虑到研究成员、时间、财力等因素，同时考虑到兵团不同院校的规模、学生数量以及所处地域的不同，样本量确定为 1100 个。

我们对三所高校即石河子大学、塔里木大学及石河子职业技术学院的三位教育管理者进行了深层次访谈。

用人单位调查随机选取了兵团 10 个不同规模、不同行业性质的单位进行了调查。

7.1.2　问卷、访谈设计及实施

学生问卷包括四个部分；第一部分为基本信息。主要包括被调查人户籍所在地，性别、族别、政治面貌、年龄、父母从事职业等。第二部分为教育基本情况。第三部分为教育评价和期望。第四部分为教育改革的关注和看法。该调查共发放1100 份问卷，在明确研究内容和调查目的的基础上，进行预调研，然后对问卷进行修改与完善后进行正式调查，总计收回 1010 份，问卷回收率达 91.8%，其中有效问卷 946 份，回收问卷有效率 93.7%，得到有效样本 946 份，其中塔里木大学发放 450 份，收回问卷 400 份；石河子大学发放 500 份，收回问卷 470 份；石河子职业技术学院发放 150 份，收回问卷 120 份，具体情况见表 7-1。

表 7-1　调查问卷的发放与回收情况统计

兵团高等院校	发放问卷	收回问卷	有效问卷
石河子大学	500	470	438
塔里木大学	450	420	400
石河子职业技术学院	150	120	108
合计	1100	1010	946

用人单位调查问卷主要包括五方面内容，即用人单位基本情况、用人单位与高校合作情况、用人单位与高校合作的学生评价、教师到用人单位实践情况及用人单位对未来岗位的动态调整情况，根据实际情况，调查了不同规模、不同性质的 10 个企业，主要分布在乌鲁木齐市、石河子市及阿拉尔市，问卷回收率达 100%，回收问卷有效率 100%。

7.2　基于产业结构现状的兵团高等院校的学生调研结果分析

7.2.1　普通本科院校（石河子大学）的学生调研结果分析

本次调查的对象为兵团高校石河子大学，石河子大学（Shihezi University），

简称"石大",位于被誉为戈壁明珠的新疆石河子市,是国家"211 工程"重点大学,是"中西部高校综合实力提升工程"(一省一校)高校、"中西部高校基础能力建设工程"和国家"双一流"世界一流学科建设高校,入选"2011 计划""卓越医生教育培养计划""卓越工程师教育培养计划""卓越农林人才教育培养计划",由教育部和新疆生产建设兵团共建,是国家西部重点建设的十四所高校之一,"中西部高校联盟"成员。2018 年入选"部省合建"高校,纳入教育部直属高校排序。学校有经济、法、教育、文、历史、理、工、农、医、管理、艺术等 11 大学科门类,有在校生 41502 人,本次调查采用简单随机抽样方法采集样本,调查对象为石河子大学各专业汉族及少数民族学生,本次问卷调查主要有基本信息、教育基本情况、教育评价和期望及教育改革的关注和看法四个方面,以期从学生角度探索其对高等教育的期望和评价,进而剖析兵团院校存在的问题,为兵团相关部门进行高等教育供给侧改革提供参考。

(1)教育基本情况的统计性描述。

在石河子大学被调查的学生当中,其中男性占 42.5%,女性占 57.5%,汉族占 92.2%,少数民族占 7.8%,父母为农民的学生仅占 29.5%,说明父母受教育程度较高的其孩子受教育程度也基本较高,而来自农村的孩子占 51.8%,表明随着社会经济的不断发展,农村家庭观念的转变和收入水平的提升使得大多数农村孩子也可以普遍接受高等教育。所调查的学生中,10.7%的学生就读于金融、经济统计等经济学专业,39.3%的学生就读于会计、审计、物流、电子商务、财务管理等管理专业,15.1%的学生就读于农学、文学、法学、教育等学科类,11.9%的学生就读于计算机科学、机械工程、自动化、建筑、工程建设等工程类专业,13.2%的学生就读于生物、医学、制药等专业,3.4%的学生就读于数学、物理、化学等学科专业,6.4%学生就读于排水、灌溉、市政建设方面的学科专业,但是这些学生中 19.9%的人对自己毕业后的职业生涯没有规划,走一步算一步,57.8%的学生尽管知道以后将要干什么,但却没有详细的规划,仅有 22.3%的学生对以后的职业生涯有详细的规划，并在努力实行中。在调查的 438 名学生中，61.4%的学生职业生涯规划与自己所学专业相一致，但仍有 38.6%的学生觉得自己的职业生涯规划与自己所学专业不一致，反映出学生期望的从业规划与专业不对口。高校学生所期望的就业方向大多集中在会计、金融、银行、保险等金融行业，其次，17.4%的学生期望从事公务员、科研等政府机关相关工作，有 16%的学生期望从事法律、教育等专业性较强的行业，可见，大多数学生的期望就业方向为吸纳能力较强的第三产业，第二产业和第一产业的期望值较低，此外，公务员等国家机关单位仍是学生期望的就业方向。石河子大学学生倾向从事行业分布情况见表 7-2。

表 7-2　石河子大学学生倾向从事行业分布情况

行业	频率	累积频率
政府/科研/公共	17.4%	17.4%
IT/互联网/通信/电子	5.0%	22.4%
会计/金融/银行/保险	29.5%	51.9%
广告/媒体/艺术/市场	4.1%	56%
管理/咨询/法律/教育	16.0%	72%
建筑/房产/物业	2.3%	74.3%
化工/能源/环保	4.3%	78.6%
机械/自动化/仪器仪表	3.7%	82.3%
医疗/器械/生物/制药	7.5%	89.8%
快销/家居/办公/礼品	0.2%	90%
餐饮/旅游/休闲/服务	5.3%	95.3%
生产/质检/贸易/物流	1.6%	96.9%
其他	3.1%	100%

学用结合既是反映高校专业设置情况质量的一个重要指针，也是关乎产业结构发展方向的重要方向标，专业匹配度则反映高校学生期望就业方向与所学专业间的匹配度问题，尽管世界各国的高等教育都在倡导通识教育，但专业教育仍然是高等教育中一个不可忽视的重要因素。劳动力市场上，企业的第一选择大多是以专业为主，其次才是院校的声誉和地位，因此，高校专业设置和就业的匹配度

关系产业结构的发展方向，产业结构的发展也影响着高校的专业设置模式。问卷中涉及"您期望的就业方向与您所学专业的相关程度如何"，答案包括五个选项，分别是："非常对口""比较对口""基本对口""有一些关联""毫不相关"。统计结果表明，15.8%的学生认为期望就业方向与所学专业非常对口，40.4%的学生认为期望就业方向与所学专业比较对口，22.8%的学生认为期望就业方向与所学专业基本对口，而21%的学生认为期望就业方向与所学专业不对口，见表7-3。

表 7-3   学生期望就业方向与所学专业间的匹配度比例（%）

	非常对口	比较对口	基本对口	有一些关联	毫不相关
期望就业—专业匹配度	15.8	40.4	22.8	16.2	4.8

此外，在调查的学生当中，26%的学生期望的就业地区为新疆地方，12.3%的学生愿意留在兵团就业，而 61.7%的学生愿意去其他省份，这些省份大多集中在经济较为发达的东部沿海省份，部分为学生自己的家庭所在城市，留在新疆地方和兵团的学生中，大多基于父母养老问题和其他原因，而选择去向其他省份的则是看中其良好的生活环境、有较大的发展机会和创业环境、良好的人才政策原因，兵团在维稳戍边建设过程中，从发展大农业到新型工业化、城镇化和经济结构转型，缺乏一套完整、合理定位的高等教育体系，产业发展的滞后，使得大多在校学生更愿意选择的期望就业地区为其他省份，这也与经济发展状况，地区出台的人才政策有关。

（2）教育总体评价和期望的统计性描述。

随着我国改革开放向深度和广度的不断扩大，中国特色社会主义市场经济体制逐步建立并不断获得完善，伴随经济发展和科技进步，人们生产生活方式得到快速变化，经济社会和生活方式都发生了翻天覆地的变化，市场观念、竞争观念、平等观念、契约观念等现代价值观念不断融入学生的头脑之中。而兴趣作为学生的第一老师，专业能否满足自己对未来的规划和需求则关系学生在教学中的参与度问题,在调查的 438 名石河子大学学生中,87.7%的学生所在专业允许学生转专业,这些专业大多集中在人文社科类专业,自教育部修订出台《普通高等学校学生管理规定》以来,越来越多的高校打开了转专业的大门,而且近年来的转专业门槛的不断降低,满足了更多学生的需求。随着全球经济一体化和高新技术的迅猛发展,西部地区经济也有了较快发展,但和中部、沿海省区相比,相对落后的面貌并未根本改观,重要原因之一是人才缺乏,尤其缺乏能够进行创新的高层次人才和高技能应用型人才。而高校教师的教学水平与专业知识则是衡量教师质量的一个重要标准,也是衡量高校教育水平的重要因素。此次调查中,38.1%的学生认为老师教学水平较高,61.9%的学生对兵团高校老师的教学水平持不认可态度,但是,63%的学生认为老师专业知识丰富,34%的学生认为老师专业知识一般,其可能的原因是,随着高校对教师标准的升高,大多数老师均开始进一步深造,博士学历的教师比例进一步提高,使得高校老师的专业知识有了长足提升,但由于教学方式陈旧、和学生课上沟通的缺乏以及满堂灌形式的教学方式,使得高校学生课堂参与度较低,进而导致学生对老师的教学水平评价不高。兵团高校教师与教学质量评价情况如图 7-1 所示。

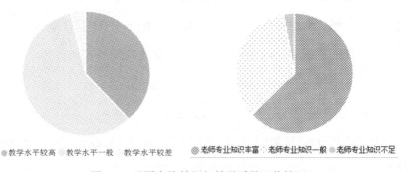

◎教学水平较高　教学水平一般　教学水平较差　　◎老师专业知识丰富　老师专业知识一般　◎老师专业知识不足

图 7-1　兵团高校教师与教学质量评价情况

经济的发展与产业结构升级最紧缺的是技术型、应用型人才,但兵团高校教育仍然是以理论教学为主,仅有 36.5%的专业开展第二课堂,63.5%的专业并未开展第二课堂教学,并且由于对第二课堂教学的不重视和相关制度的不完善,使得开展第二课堂的专业大多存在活动质量不高，找不到合适的活动素材、活动场地和活动时间，并且缺乏第二课堂专业老师指导的问题。在课程安排方面，35.6%的学生认为应以专业教育为主，54.6%的学生认为课程安排应以基础教育和专业教育两者兼顾，进而使得即使高校开展一些与专业无关，如人文素质选修课等课程，大多数学生并不愿意去，这严重影响高校学生自身修养与素质的提高。高等教育的出发点并不是仅仅培育学生获得就业的文凭，而是合作与组织能力、良好的思维方式等，但是 49.8%的学生认为大学里最重要的收获是文凭和专业技能，仅29.5%的学生认为大学里最重要的收获是思维方式的转变等素质教育下的产物。此外，兵团高校"双师型"教师比较少，许多教师本身就缺乏实际操作的经验，所以难以培养出实践技能比较高的学生。目前，我国正进入加速发展现代化产业的关键时期，产业发展的高级化程度和组织化程度越来越高，不但急需一大批精通本身专业的技术型人才，而且急需一批具有管理能力的人才，而兵团高校重理论、轻实践的教育模式，使得高层次技术性人才严重缺失，难以和产业结构升级相匹配。此外，高校教学管理存在的问题主要有：管理模式的不当，与学生沟通不畅，教学硬件设施陈旧，学生埋怨满天，教学管理人员素质偏低，教学管理制度不健全，后勤服务质量偏低，食堂、宿舍配套设施陈旧。其中 32.7%的学生对大学后勤服务不满意，32.6%的学生认为高校管理模式不当，缺乏与学生的沟通，进而不能满足学生的实际需求，见表 7-4。

表 7-4   大学教学管理存在的主要问题（%）

教学管理存在的主要问题	频率	累积频率
管理模式不当，与学生沟通不畅	32.6	32.6
教学硬件设施陈旧，学生埋怨满天	23.3	55.9
教学管理人员素质偏低，教学管理制度不健全	11.4	67.3
后勤服务质量偏低，食堂、宿舍配套设施陈旧	32.7	100

（3）高等教育改革的关注和看法的统计性描述。

近年来兵团的高等教育供给是低质量低效率的，所培养的人才远远不能满足兵团社会和经济发展的需求，致使部分行业人才奇缺的现象凸现，高等教育发展滞后而导致的技术型、技能型及创业型人才匮乏的形势愈发严峻，严重影响着产业结构升级进程的快慢，所以急需加强高等教育的供给侧结构性改革，转结构促升级，提升兵团高等教育供给的质量、效率和效益，这对于实现兵团教育的创新发展，推动其脱贫致富，实现兵团乃至新疆经济持续健康发展和社会和谐稳定无疑具有重要的战略意义。在调查的学生中，17.1%的学生十分关注高等教育改革，41.3%的学生较为关注，28.1%的学生一般关注，12.3%的学生不怎么关注，1.2%的学生不关注，见表7-5。

表7-5　高等教育改革的关注度（%）

	十分关注	较关注	一般关注	不怎么关注	不关注
关注度	17.1	41.3	28.1	12.3	1.2

在关注高等教育改革最主要的原因和信息方面，39.5%的学生关注高等教育改革是因为高等教育改革与自身升学相关，改革中的一些政策和方针有利于学生做出更好的选择，包括自考本、读研进而提升自己的学历，26.3%的学生觉得高等教育改革对自己的日常学习有影响，人才培养模式的改革、课程改革能改变学生的学习方式，20.5%的学生认为高等教育改革是国家大事，关心国家大事是每个公民应做的，5.7%的学生觉得高等教育改革对我的亲友有影响，仅有1.4%的学生关注高等教育改革是因为老师或家长的要求。关注高等教育改革的信息方面，49.1%学生主要关注因教育资源分配不均而产生的不平等教育问题，大众教育、普及教育阶段人人都应享受公平教育的机会，但是区域、城乡差距随着社会经济的不断发展不断扩大，使得教育资源配置严重不均衡，造成了教育不公平，兵团高校面向全国招生，而学生来自不同的经济发展地区，教育不公平现象也逐渐受到学生重视，25.5%的学生关注高考改革问题，14.2%的学生关注上学难、上学贵的问题，兵团高校中来自农场和农村等收入不高的家庭上学难、上学贵的问题也是学生关注的一个方面，3.0%的学生则关注校园安全方面的改革，仅有0.9%的学生关注随

迁子女入学问题方面，见表7-6。大部分学生了解教育改革相关信息是通过网络，其次是书刊、报纸和杂志。88.8%的调查对象认为高等教育改革的成效较好。

表 7-6　关注高等教育改革最主要的原因和信息

关注高等教育改革的原因	频率	关注高等教育改革的信息	频率
关心国家大事是公民应做的	20.5%	高考改革问题	25.5%
教育改革与自身升学相关	39.5%	上学难、上学贵的问题	14.2%
教育改革对我的日常学习有影响	26.3%	因教育资源分配不均而产生的不平等教育问题	49.1%
教育改革对我的亲友有影响	5.7%	校园安全问题	3.0%
老师或家长的要求	1.4%	随迁子女入学问题	0.9%
其他	6.6%	其他	7.3%

在进行教育改革的原因方面，55.7%的调查对象认为高等教育改革能推动地区的经济发展，79.2%的调查对象认为教育是立国之本，改革是出于教育的重要性，43.4%的调查对象认为现行教育方式的单一，内容的片面，使得应当进行高等教育改革，45%的调查对象则认为进行高等教育改革的原因是教育资源不均衡等诸多不公平现象的存在。教育改革是一个循序渐进的过程，其与社会经济发展阶段有关，因此教育改革本身是一个完善教育体系的过程，现阶段当下的高等教育改革存在不足，主要包括：高等教育改革的方向不够全面、高等教育改革不适应当地产业的发展、高等教育改革的力度不够，不足以根除相关问题、相关体制不够完善、改革雷声大雨点小，地方很难彻底贯彻落实等问题，在问卷调查中，60%的调查对象认为高等教育改革的方向不够全面，难以满足学生日益增长的多方面、多层次需求，35.4%的认为高等教育改革不适应当地产业的发展，发达国家的经验告诉我们高等教育改革的方向应以社会发展需求和产业结构为导向，现如今兵团高等教育改革并不适应当地产业的发展，58.9%的调查对象认为高等教育改革的力度不够，不足以根除相关问题，24.8%的调查对象认为相关体制不够完善，教育改革难以深入，51.4%的调查对象认为教育改革雷声大雨点小，地方很难彻底贯彻落实，40.9%的调查对象觉得高等教育改革的重心应放在以产业结构发展为导向，其次包括教学方式、内

容改革、教育资源再分配方面的改革、校园安全方面的改革等。高等教育改革的关注与看法结果表明，大部分学生认为高等教育改革应以产业发展和社会需求为导向，加之政府政策的支撑，才能保障兵团高等教育的长足发展。

7.2.2 普通本科院校（塔里木大学）的学生调研结果分析

在本次调查中，另一所兵团高校塔里木大学地处新疆南部塔里木河畔的阿拉尔市，学校现已发展成为一所以农为优势，农、理、工、文、管、法、经、教育、艺术、历史等多学科协调发展的综合性大学，现有专任教师 715 人，教授、副教授 434 人，具有博士、硕士学位的教师 648 人，占专任教师的 90.6%，学校现面向全国 20 多个省区招生，现有全日制学生 13629 人，其中少数民族学生占 31.2%，其他省份生源学生占 41%，硕士研究生 374 人。学校自建校以来，已为国家培养输送毕业生 6 万多名，毕业生中 85%在新疆就业、68.5%植根南疆，其他省份生源有 52%以上留疆工作。毕业生遍布南疆各地州、县，兵团各师团党政机关、基层单位、山区牧区，具有政治可靠、实践能力强、吃苦耐劳的优良品质，用人单位普遍评价"下得去，留得住，用得上，干得好"，为自治区、兵团特别是南疆的经济发展、社会进步、政治稳定、民族团结和基层政权建设作出了突出贡献，确立了学校在"稳疆兴疆，富民固边"中不可替代的地位。学校已成为新疆高层次人才培养的重要基地、南疆干部的摇篮。据自治区人事厅、教育厅统计公布，学校毕业生就业率连续 10 年排在自治区高校的前列。本次问卷调查主要从基本信息、教育基本情况、教育评价和期望及教育改革的关注和看法四个方面，以期从学生角度探索其对高等教育的期望和评价，进而剖析兵团院校存在的问题，为兵团相关部门进行高等教育供给侧改革提供参考。

（1）教育基本情况的统计性描述分析。

在塔里木大学被调查的学生当中，其中男性占 59%，女性占 41%，汉族学生占 85%，少数民族学生占 15%。来自农村的学生占 56.4%，相比较石河子大学，南疆的塔里木大学有来自更多的农村学生，父母从事农业工作的学生占比 32.3%。

在所调查的学生中，17.8%的学生就读经济、金融、经济统计专业，22.3%的学生就读于会计、审计、物流、电子商务、财务管理等管理专业，17.8%的学生就读于农学、文学、法学、教育等学科类，22.3%的学生就读于计算机科学、机械工程、自动化、建筑、工程建设等工程类专业，3%的学生就读于生物、医学、制药等专业，8.5%的学生就读于数学、物理、化学等学科专业。但是这些学生中 30%的人对自己毕业后的职业生涯没有规划，走一步算一步，53%的学生尽管知道以后将要干什么，但却没有详细的规划，仅有 17%的学生对以后的职业生涯有详细的规划，并在努力实行中。在调查的 399 名学生中，30%的学生职业生涯规划与自己所学专业相一致，但仍有 70%的学生觉得自己职业生涯规划与自己所学专业不一致，反映出学生期望的从业规划与专业不对口，相对于石河子大学的调查结果显示，塔里木大学的学生对自己期望从事的行业规划与现有的专业更加不对口。高校学生所期望的就业方向大多集中在从事公务员、科研等政府机关相关工作，其次，28%的学生期望从事 IT、互联网、电子通信行业，13%的学生期望从事会计、银行、保险等金融行业，可见，大多数学生的期望就业方向为吸纳能力较强的第三产业，第二产业和第一产业的期望值较低，此外，公务员等国家机关单位仍是学生最期望的就业方向。塔里木大学学生倾向从事行业分布情况见表 7-7。

表 7-7　塔里木大学学生倾向从事行业分布情况

行业	频率	累积频率
政府/科研/公共	28.8%	28.8%
IT/互联网/通信/电子	28.1%	56.9%
会计/金融/银行/保险	13.3%	70.2%
广告/媒体/艺术/市场	3.8%	74%
管理/咨询/法律/教育	6%	80%
建筑/房产/物业	5.6%	85.6%
化工/能源/环保	1.8%	87.4%
机械/自动化/仪器仪表	3.3%	90.7%

行业	频率	累积频率
医疗/器械/生物/制药	3.3%	94%
快销/家居/办公/礼品	0.3%	94.3%
餐饮/旅游/休闲/服务	3.8%	98.1%
生产/质检/贸易/物流	0.3%	98.4%
其他	1.6%	100%

　　高校专业设置和就业的匹配度关系产业结构的发展方向，产业结构的发展也影响着高校的专业设置模式。问卷中涉及"您期望的就业方向与您所学专业的相关程度如何"，答案包括五个选项，分别是："非常对口""比较对口""基本对口""有一些关联""毫不相关"。统计结果表明，18.8%的学生认为期望就业方向与所学专业非常对口，26.3%的学生认为期望就业方向与所学专业比较对口，26.1%的学生认为期望就业方向与所学专业基本对口，20.8%的学生认为期望就业方向与所学专业有一些关联，而8%的学生认为期望就业方向与所学专业不对口，见表7-8。

表7-8　学生期望就业方向与所学专业间的匹配度比例（%）

	非常对口	比较对口	基本对口	有一些关联	毫不相关
期望就业—专业匹配度	18.8	26.3	26.1	20.8	8

　　总体上看，70%的学生期望就业方向与所学专业基本对口，学校设置的学科结构与学生期望所从事对口行业的就业结构较为匹配，有利于学生在劳动力市场上找到符合自己专业的工作。

　　此外，在调查的学生当中，31.8%的学生期望的就业地区为新疆地方，28.1%的学生愿意留在兵团就业，而40%的学生去往其他省份，这些省份大多集中在经济较为发达的东部沿海省份，部分为学生自己的家庭所在城市，留在新疆地方和兵团的学生中，大多是考虑到有较大的发展机会和生活环境的优势，而选择去向其他省份的则是看中其良好的生活环境、有较大的发展机会和父母养老问题。相对于石河子大学的调研，塔里木大学的学生更愿意留在新疆地方和兵团，他们觉得留下来有较大的发展机会和更好的生活环境。虽然兵团在维稳戍边过程中，在经济转型中，缺乏一套完整、合理定位的高等教育体系，产业发展滞后，但是兵团高校塔里木大学的学生更愿意服务新疆和兵团，一方面是因为塔里木大学相对于石河子大学的学科结构更符合兵团和新疆地方发展的需要，另一方面与石河子大学学生生源中有更多的来自其他省份有关。这也侧面反映新疆地方和兵团需要加快经济发展和产业结构转型升级，出台更优的人才政策，将更多的人才留在新疆地方和兵团，建设和发展好新疆地方和兵团。

（2）教育总体评价和期望的统计性描述。

在志愿填报时学生由于分数的限制、家长意愿等因素的影响所选专业并非自己所喜欢的，因此部分学生对自己所选专业感到不满意，这就影响到了学生对于未来的规划，也关系学生在教学中的参与度问题。在调查的 399 位塔里木大学学生中，84.7% 的学生所在专业允许学生转专业，这些专业大多集中在经济与管理等人文社科类专业，由此看出理工科类专业要求相对较高，转入或者转出专业都有一定的限制。但是转专业的门槛随着《普通高等学校学生管理规定》出台以来不断降低，有利于学生对自己感兴趣专业的选择，符合专业适应产业发展的长远目标。高校教师教学水平是教育供给侧质量的至关重要的体现，高校教师的教学水平与专业知识则是衡量教师质量的一个重要标准，也是衡量高校教育水平的重要因素。此次调查中，39.3% 的学生认为老师教学水平较高，55.1% 的学生对本校老师的教学水平持一般的态度，5% 的学生认为老师教学水平较差。但是，53% 的学生认为老师专业知识丰富，40.6% 的学生认为老师专业知识一般。这样的情况与北疆地区的石河子大学类似。其可能的原因也同石河子大学类似。也是兵团高校接受其他省份高校援助后，教师的知识水平有所提升，但是教育形式和方式还有待改进，需要不断提高教育供给侧的质量。

经济的发展与产业结构升级最紧缺的是技术型、应用型人才，但塔里木大学仍然是以理论教学为主，仅有 47.1%的专业开展第二课堂，52.9%的专业并未开展第二课堂教学，与在石河子大学进行的调查结果类似，由于对第二课堂教学的不重视和相关制度的不完善，使得开展第二课堂的专业大多存在活动质量不高，找不到合适的活动素材、活动场地和活动时间并且缺乏第二课堂专业老师指导。在课程安排方面，30.6%的学生认为应以专业教育为主，45.9%的学生认为课程安排应以基础教育和专业教育两者兼顾，进而使得即使高校开展一些与专业无关，如人文素质选修课等课程，大多数学生并不愿意去，这严重影响高校学生自身修养与素质的提高。高等教育的出发点并不是仅仅让学生获得就业的文凭，而是培育合作与组织能力、良好的思维方式等，但是 63%的学生认为大学里最重要的收获是文凭和专业技能，仅 37%的学生认为大学里最重要的收获是思维方式的转变等素质教育下的产物。此外，兵团高校"双师型"教师比较少，许多教师本身就缺乏实际操作的经验，也就难以培养出实践技能比较高的学生。目前，我国正进入加速发展现代化产业的关键时期，产业发展的高级化程度和组织化程度越来越高，不但急需一大批精通本身专业的技术型人才，而且急需一批具有管理能力的人才，而兵团高校重理论、轻实践的教育模式，使得高层次技术性人才严重缺失，难以和产业结构升级相匹配。此外，高校教学管理存在的问题主要有：管理模式的不当，与学生沟通不畅，教学硬件设施陈旧，学生埋怨满天，教学管理人员素质偏低，教学管理制度不健全，后勤服务质量偏低，食堂、宿舍配套设施陈旧。其中39.1%的学生认为大学教学管理的模式不当且与学生沟通不畅，进而不能满足学生的实际需求。28.6%学生认为学校教学硬件设施陈旧，见表 7-9。

表 7-9　大学教学管理存在的主要问题（%）

教学管理存在的主要问题	频率	累积频率
管理模式的不当，与学生沟通不畅	39.1	39.1
教学硬件设施陈旧，学生埋怨满天	28.6	67.7
教学管理人员素质偏低，教学管理制度不健全	12.1	79.8
后勤服务质量偏低，食堂、宿舍配套设施陈旧	20.2	100

（3）高等教育改革的关注和看法的统计性描述。

在塔里木大学的调查中，32.3%的学生十分关注高等教育改革，34.6%的学生较为关注，22.8%的学生一般关注，6.5%的学生不怎么关注，3.8%的学生不关注，见表7-10。

表 7-10　高等教育改革的关注度（%）

	十分关注	较关注	一般关注	不怎么关注	不关注
关注度	32.3	34.6	22.8	6.5	3.8

在关注高等教育改革最主要的原因和信息方面，40.1%的学生关注高等教育改革是因为高等教育改革与自身升学相关，改革中的一些政策和方针有利于学生做出更好的选择，包括自考本、读研进而提升自己的学历，17.8%的学生觉得高等教育改革对自己的日常学习有影响，人才培养模式的改革、课程改革能改变学生的学习方式，29.8%的学生认为高等教育改革是国家大事，关心国家大事是每个公民应做的，6.3%的学生觉得高等教育改革对我的亲友有影响，仅有 0.7%的学生关注高等教育改革是因为老师或家长的要求。关注高等教育改革的信息方面，33.8%学生主要关注因教育资源分配不均而产生的不平等教育问题，大众教育、普及教育阶段人人都应享受公平教育的机会，但是区域、城乡差距随着社会经济的不断发展不断扩大，使得教育资源配置严重不均衡，造成了教育不公平，兵团高校面向全国招生，而学生来自不同的经济发展地区，教育不公平现象也逐渐受到学生的重视，28.1%的学生关注高考改革问题，20%的学生关注上学难、上学贵的问题，兵团高校中来自农场和农村等收入不高的家庭上学难、上学贵的问题也是学生关注的一个方面，9.5%的学生则关注校园安全方面的改革，仅有 3.3%的学生关注随迁子女入学问题，见表 7-11。大部分学生了解教育改革相关信息是通过网络，其次是书刊和报纸。53.1%的调查对象认为高等教育改革的成效较好。

表 7-11　关注高等教育改革最主要的原因和信息

关注高等教育改革的原因	频率	关注高等教育改革的信息	频率
关心国家大事是公民应做的	29.8%	高考改革问题	28.1%
教育改革与自身升学相关	40.1%	上学难、上学贵的问题	20%
教育改革对我的日常学习有影响	17.8%	因教育资源分配不均而产生的不平等教育问题	33.8%
教育改革对我的亲友有影响	6.3%	校园安全问题	9.5%
老师或家长的要求	0.7%	随迁子女入学问题	3.3%
其他	5.3%	其他	5.3%

　　在进行教育改革的原因方面，54.6%的调查对象认为高等教育改革能推动地区的经济发展，76.4%的调查对象认为教育是立国之本，改革是出于教育的重要性，17%的调查对象认为现行教育方式的单一、内容的片面，使得应当进行高等教育改革，15.8%的调查对象则认为进行高等教育改革的原因是教育资源不均衡等诸多不公平现象的存在。教育改革是一个循序渐进的过程，其与社会经济发展阶段有关，因此教育改革本身是一个完善教育体系的过程，现阶段的高等教育改革存在不足，主要包括：高等教育改革的方向不够全面、高等教育改革不适应当地产业的发展、高等教育改革的力度不够，不足以根除相关问题、相关体制不够完善、改革雷声大雨点小、地方很难彻底贯彻落实等问题，在问卷调查中，52.9%的调查对象认为高等教育改革的方向不够全面，难以满足学生日益增长的多方面、多层次的需求，32.3%的调查对象认为高等教育改革不适应当地产业的发展，发达国家的经验告诉我们高等教育改革的方向应以社会发展需求和产业结构为导向，现如今兵团高等教育改革并不适应当地产业的发展，43.6%的调查对象认为高等教育改革的力度不够，不足以根除相关问题，30.6%的调查对象认为相关体制不够完善，教育改革难以深入，28.6%的调查对象认为教育改革雷声大雨点小，地方很难彻底贯彻落实，39.8%的调查对象觉得高等教育改革的重心应放在以产业结构发展为导向，其次包括教学方式、内容改革、教育资源再分配方面的改革、校园安全方面的改革等。高等教育改革的关注与看法结果表明，大部分学生认为高等教育改

应以产业发展和社会需求为导向，加之政府政策支撑，才能保障兵团高等教育的长足发展。

7.2.3　普通专科院校（石河子职业技术学院）的学生调研结果分析

石河子职业技术学院是教育部和建设部授予的"建设行业高新紧缺人才培训基地"，是自治区纺织工程实训基地，是新疆生产建设兵团唯一一所独立设置的高职学院，是"国家100所示范性高等职业院校"。学院现有专任教师249人，其中，具有高级职称的教师占30.5%，"双师"素质教师占54%；现有在校生8680人。已开设30多个专业，建成2个国家级实验实训基地，5个省级实训基地。本次问卷调查主要从基本信息、教育基本情况、教育评价和期望及教育改革的关注和看法四个方面，以期从学生角度探索其对高等教育的期望和评价，进而剖析兵团院校存在的问题，为兵团相关部门进行高等教育供给侧改革提供参考。

（1）教育基本情况的统计性描述。

在石河子职业技术学院被调查的学生当中，其中男性占20%，女性占80%，汉族占77%，少数民族占23%。44.4%的学生来自城市，55.6%的学生来自农村。6%的学生就读金融、经济统计等经济学专业，41.7%的学生就读会计、审计、物流、电子商务、财务管理等管理专业，2%的学生就读农学、文学、法学、教育等学科类，25%的学生就读建筑、房产、物业类专业，25%的学生就读其他专业。但是这些学生中，11.1%的人对自己毕业后的职业生涯没有规划，走一步算一步，61.1%的学生尽管知道以后将要干什么，但却没有详细的规划，仅有27.8%的学生对以后的职业生涯有详细的规划，并在努力实行中。在调查的36名学生中，55.6%的学生职业生涯规划与自己所学专业相一致，但仍有44.4%的学生觉得自己职业生涯规划与自己所学专业不一致，反映出学生期望的从业规划与专业不对口。高校学生所期望的就业方向大多集中在会计、金融、银行、保险等金融行业，其次，16.7%的学生期望医疗、器械、生物、制药等工作，有11.1%的学生期望从事政府、公共事业，可见，大多数学生的期望就业方向为吸纳能力较强的第三产业，第二产业和第一产业的期望值较低。石河子职业技术学院学生倾向从事行业分布情况见表 7-12。

表 7-12　石河子职业技术学院学生倾向从事行业分布情况

行业	频率	累积频率
政府/科研/公共	11.1%	11.1%
IT/互联网/通信/电子	5.6%	16.7%
会计/金融/银行/保险	41.7%	58.4%
广告/媒体/艺术/市场	5.6%	64%
管理/咨询/法律/教育	8.3%	72.3%
化工/能源/环保	2.7%	75%
医疗/器械/生物/制药	16.7%	91.7%
餐饮/旅游/休闲/服务	2.7%	94.4%
生产/质检/贸易/物流	5.6%	100%

问卷中涉及"您期望的就业方向与您所学专业的相关程度如何"，答案包括五个选项，分别是："非常对口""比较对口""基本对口""有一些关联""毫不相关"。统计结果表明，5.6%的学生认为期望就业方向与所学专业非常对口，30.6%的学生认为期望就业方向与所学专业比较对口，38.9%的学生认为期望就业方向与所学专业基本对口，而 5.6%的学生认为期望就业方向与所学专业不对口，见表 7-13。

表 7-13　学生期望就业方向与所学专业间的匹配度比例（%）

	非常对口	比较对口	基本对口	有一些关联	毫不相关
期望就业—专业匹配度	5.6	30.6	38.9	19.4	5.6

此外，在调查的学生当中，61.1%的学生期望的就业地区为新疆地方，22.2%的学生愿意留在兵团就业，而 16.7%的学生去往其他省份。愿意留在新疆地方或者兵团的学生认为，留下来有较大的发展机会，以及可以拥有良好的生活环境。希望去其他省份发展的学生也认为其他省份有较大的发展机会，以及可以回家照

顾父母。通过与石河子大学和塔里木大学的调研对比，发现在兵团的建设过程中，专科类学生愿意留在兵团，而本科类人才则相对愿意去其他省份发展，如图 7-2 所示。可见，这对于兵团长期维稳戍边的长远建设是不利的。

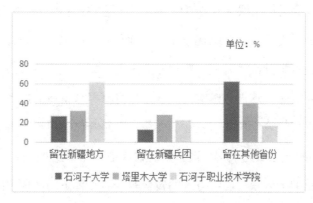

图 7-2　兵团受高等教育的学生毕业去向

（2）教育总体评价和期望的统计性描述。

在调查的 36 名石河子职业技术学院学生中，38.9%的学生所在专业允许学生转专业，这些专业大多集中在人经济与管理等文社科类专业，由此看出理工科类专业要求相对较高，转入或者转出专业都有一定限制。但是转专业的门槛随着《普通高等学校学生管理规定》出台以来不断降低，有利于学生对自己感兴趣专业的选择，符合专业适应产业发展的长远目标。高校教师教学水平是教育供给侧质量的至关重要的体现，高校教师的教学水平与专业知识则是衡量教师质量的一个重要标准，也是衡量高校教育水平的重要因素。此次调查中，41.7%的学生认为老师教学水平较高，58.3%的学生对本校老师的教学水平持一般的态度。但是，69.4%的学生认为老师专业知识丰富，27.8%的学生认为老师专业知识一般。这样的情况与北疆地区的石河子大学类似。其可能的原因也同石河子大学类似。也是兵团高校接受其他省份高校援助后，教师的知识水平有所提升，但是教育形式和方式还有待改进，需要不断提高教育供给侧的质量。

经济的发展与产业结构升级最紧缺的是技术型、应用型人才，但石河子职业技术学院兼顾理论与实践教学，有 50%的专业开展第二课堂，50%的专业并未开展第二课堂教学，但由于对第二课堂教学的不重视和相关制度的不完善，使得开展第二课堂的专业大多存在活动质量不高，找不到合适的活动素材、活动场地和活动时间，并且缺乏第二课堂专业老师指导等问题。在课程安排方面，11.1%的学生认为应以专业教育为主，58.3%的学生认为课程安排应以基础教育和专业教育两者兼顾，进而使得即使高校开展一些与专业无关，如人文素质选修课等课程，大多数学生并不愿意去，这严重影响高校学生自身修养与素质的提高。高等教育的出发点并不是仅仅培育学生获得就业的文凭，而是合作与组织能力、良好的思维方式等，38.9%的学生认为大学里最重要的收获是文凭和专业技能，61.1%的学生认为大学里最重要的收获是思维方式的转变等素质教育下的产物。此外，兵团高校"双师型"教师比较少，许多教师本身就缺乏实际操作的经验，也就难以培养出实践技能比较高的学生。目前，我国正进入加速发展现代化产业的关键时期，产业发展的高级化程度和组织化程度越来越高，不但急需一大批精通本身专业的技术型人才，而且急需一批具有管理能力的人才，而兵团高校重理论、轻实践的教育模式，使得高层次技术性人才严重缺失，难以和产业结构升级相匹配。此外，高校教学管理存在的问题主要有：管理模式的不当，与学生沟通不畅，教学硬件设施陈旧，学生埋怨满天，教学管理人员素质偏低，教学管理制度不健全，后勤服务质量偏低，食堂、宿舍配套设施陈旧。其中 30.6%的学生认为大学教学管理的模式不当且与学生沟通不畅，进而不能满足学生的实际需求，22.2%的学生认为学校教学硬件设施陈旧，见表 7-14。

表 7-14　大学教学管理存在的主要问题（%）

教学管理存在的主要问题	频率	累积频率
管理模式的不当，与学生沟通不畅	30.6	30.6
教学硬件设施陈旧，学生埋怨满天	22.2	52.8
教学管理人员素质偏低，教学管理制度不健全	13.9	66.7
后勤服务质量偏低，食堂、宿舍配套设施陈旧	33.3	100

（3）高等教育改革的关注和看法的统计性描述。

在石河子职业技术学院的调查中，8.3%的学生十分关注高等教育改革，55.6%的学生较为关注，33.3%的学生一般关注，2.8%的学生不怎么关注，见表7-15。

表7-15　高等教育改革的关注度（%）

	十分关注	较关注	一般关注	不怎么关注	不关注
关注度	8.3	55.6	33.3	2.8	0

在关注高等教育改革最主要的原因和信息方面，38.9%的学生关注高等教育改革是因为高等教育改革与自身升学相关，改革中的一些政策和方针有利于学生做出更好的选择，包括自考本、读研进而提升自己的学历，27.8%的学生觉得高等教育改革对自己的日常学习有影响，人才培养模式的改革、课程改革能改变学生的学习方式，27.8%学生认为高等教育改革是国家大事，关心国家大事是每个公民应做的，2.8%的学生觉得高等教育改革对我的亲友有影响，仅有 2.8%的学生关注高等教育改革是因为老师或家长的要求。关注高等教育改革的信息方面，38.9%的学生主要关注因教育资源分配不均而产生的不平等教育问题，大众教育、普及教育阶段人人都应享受公平教育的机会，但是区域、城乡差距随着社会经济的不断发展不断扩大，使得教育资源配置严重不均衡，造成了教育不公平，兵团高校面向全国招生，而学生来自不同的经济发展地区，教育不公平现象也逐渐受到学生的重视，19.4%的学生关注高考改革问题，19.4%的学生关注上学难、上学贵的问题，兵团高校中来自农场和农村等收入不高的家庭上学难、上学贵的问题也是学生关注的一个方面，11.1%的学生则关注校园安全方面的改革，仅有 11.1%的学生关注随迁子女入学问题，见表7-16。大部分学生了解教育改革相关信息是通过网络，其次是书刊和报纸。61.1%的调查对象认为高等教育改革的成效较好。

表 7-16　关注高等教育改革最主要的原因和信息

关注高等教育改革的原因	频率	关注高等教育改革的信息	频率
关心国家大事是公民应做的	27.8%	高考改革问题	19.4%
教育改革与自身升学相关	38.9%	上学难、上学贵的问题	19.4%
教育改革对我的日常学习有影响	27.8%	因教育资源分配不均而产生的不平等教育问题	38.9%
教育改革对我的亲友有影响	2.8%	校园安全问题	11.2%
老师或家长的要求	2.7%	随迁子女入学问题	11.1%
其他	0%	其他	0%

　　在进行教育改革的原因方面，63.9%的调查对象认为高等教育改革能推动地区的经济发展，72.2%的调查对象认为教育是立国之本，改革是出于教育的重要性，30.6%的认为现行教育方式的单一，内容的片面，使得应当进行高等教育改革，22.2%的调查对象则认为进行高等教育改革的原因是教育资源不均衡等诸多不公平现象的存在。教育改革是一个循序渐进的过程，其与社会经济发展阶段有关，因此教育改革本身是一个完善教育体系的过程，现阶段当下的高等教育改革存在不足，主要包括：高等教育改革的方向不够全面、高等教育改革不适应当地产业的发展、高等教育改革的力度不够，不足以根除相关问题、相关体制不够完善、改革雷声大雨点小，地方很难彻底贯彻落实等问题，在问卷调查中，41.7%的调查对象认为高等教育改革的方向不够全面，难以满足学生日益增长的多方面、多层次需求，36.1%的调查对象认为高等教育改革不适应当地产业的发展，发达国家的经验告诉我们高等教育改革的方向应以社会发展需求和产业结构为导向，现如今兵团高等教育改革并不适应当地产业的发展，55.6%的调查对象认为高等教育改革的力度不够，不足以根除相关问题，41.7%的调查对象认为相关体制不够完善，教育改革难以深入，19.4%的调查对象认为教育改革雷声大雨点小，地方很难彻底贯彻落实，27.8%的调查对象觉得高等教育改革的重心应放在以产业结构发展为导向，其次包括教学方式、内容改革、教育资源再分配方面的改革、校园安全方面的改革等。高等教育改革的关注与看法结果表明，大部分学生认为高等教育改革应以产业发展和社会需求为导

向，加之政府政策的支撑，才能保障兵团高等教育的长足发展。

从上述对石河子大学、塔里木大学、石河子职业技术学院的调查可知，相当一部分的学生认为自身职业生涯规划与自己所学专业不一致，大多数学生期望就业方向为吸纳能力较强的第三产业，第二产业和第一产业的期望值较低，学生就业愿意选择去经济较为发达的其他省份，不过，相对石河子大学学生来说，塔里木大学的学生毕业后更倾向于留在新疆和兵团，相对于石河子大学和塔里木大学来说，石河子职业技术学院的学生更倾向于留在兵团。在对教育总体评价和期望方面，高校教师教学水平与专业知识不能较好地满足创新的对学生高层次人才和高技能应用型人才的培养需求，作为高等教育供给侧重要要素的教师的教学水平和专业知识需要不断提升，重理论轻实践的教育模式难以培养出实践技能强的学生，并且高等教育供给低质量低效率不能满足社会经济发展的需求。在高等教育改革的关注和看法方面，大部分学生对高等教育改革关注度较高，部分学生关注高等教育改革是由于高等教育改革与自身及日常学习相关，利于自己做出更好地选择，50%以上的学生认为高等教育改革能推动地区的经济发展，近80%的学生认为教育是立国之本，改革出于教育的重要性，相当一部分学生认为兵团教育改革应以产业结构发展和社会需要为导向。

7.3 基于兵团产业结构现状的兵团高等院校的教育管理者访谈结果

7.3.1 石河子大学教育管理者的访谈结果

（1）石河子大学目前开展的特色学科和专业有哪些？

答：农业机械化及其自动化，农业水利工程，水利水电工程。

（2）学生的就业情况如何？主要分布在哪些岗位？

答：整体来说就业还不错，但是与其他省份的很多高校来比较，还是有些差距，这个差距不是学校本身培养的学生不行，而是所处的地理环境等各方面的因素决定的。在北上广深这样的城市就业机会很多，很灵活，我们这里机会少，所处环境会有影响。

就业其实与自己的认知、定位也有关。虽然与学校的知名度，品牌也有一定的关系，但是主要还是看个人能力与个人定位，如果个人定位过高，就很容易落空。就业与自身的能力、综合素质、言谈举止都有影响，发言较为积极，课堂较活跃的同学表达能力较强，较受用人单位欢迎，但是还是会有同学把课堂问题当成平时成绩，而不是当作锻炼自己的机会，出发点不对，形成的无形的能力也就不同。我们学校的学生都比较能吃苦，这也是用人单位比较喜欢的原因之一。

（3）目前学校培养的人才是否适应经济的发展需求？如何改进？

答：办学的目标就是要适应经济发展的要求，要与社会相接轨。因此，有的专业会停招，有的专业会隔年招，也是要向前发展，专业尽可能符合新疆或兵团的经济建设的要求。有些专业没有必要就可以停掉，办五六十个专业就行。比如历史学、少数民族语言等一些专业，受就业等各方面因素的限制，就会停招和隔年招。按照兵团和自治区的导向，我们现在应该更多培养应用型人才，理工、农、医、教育等专业会加大招生，而一些文科类的专业就要稳定发展。

调研图片

采访人员：×××

7.3.2　塔里木大学教育管理者的访谈结果

（1）塔里木大学目前开展的特色学科和专业有哪些？

答：塔里木大学特色学科有：自治区级高原学科有生物学、园艺学，自治区级特别扶持学科作物学、兽医学。

特色专业有：园艺、农学、生物技术、农业水利工程 4 个国家级特色专业建设。校级特色专业为动物医学、机械设计制造及其自动化、农业经济管理、汉语言、生物技术、农业水利工程、土木工程、计算机科学与技术、园艺、农学。

（2）学生的就业情况如何？主要分布在哪些岗位？

答：十年多来，我校毕业生每年年底的就业率都在 92%以上，一直稳居自治区前三名。毕业生中的 85%在新疆就业，72%在南疆就业，主要分布在新疆特别是建筑业、农林牧渔、金融业、信息传输业，在兵团各团场、地方各县乡基层 50%的专业技术人员和管理人员都有塔里木大学的毕业生。

（3）目前学校的人才是否适应经济社会的发展需求？如何改进？

答：用人单位对学校毕业生认可度高，达到 98.19%。其中"非常认可"占比 43.64%，"认可"占比 34.55%，"比较认可"占比 20.00%，学校所培养的人才适应新疆特别是南疆经济社会发展的需要，下得去、留得住、用得上、干得好。

·改进的措施：按照"强农、拓工、精文"的学科专业发展思路，学校将在以下方面加大改进力度。

第一，以"大工程教育"思想为指导，按工厂化、产业化和卓越工程师培养要求，加大投入，加快推进 2 万平米的工科实习实训基地建设，满足工科专业学生开展实习实训、仿真训练、科研训练、创新创业训练需求，建设集研发、设计、加工、运用于一体的中试基地。

第二，优先引进工科师资，建立人才特区，加大工科专业教师的引进力度，以提高教师专业实践应用能力为重点，加强双师型教师队伍建设，进一步提高工科专业教学和人才培养质量。

第三，将新办专业建设作为学校当务之急的重点工作，集中力量，加大投入，整合资源，尽快缩小差距，补齐短板。完善专业动态调整机制，集聚整合教学资源，严格控制专业总量，审慎申报新专业，对不契合区域经济社会发展需求的专业，坚决进行"减、停、撤"。

第四，以新农科、新工科建设为重点，推动学科、专业交叉融合，并根据本地区产业发展需要，增设本地区急需的农理工科的自设专业。

调研图片

采访人员：×××

7.3.3　石河子职业技术学院教育管理者的访谈结果

（1）石河子职业技术学院目前开展的特色学科和专业有哪些？

答：机电、农机专业。

（2）学生的就业情况如何？主要分布在哪些岗位？

答：因为我们是职业技术学院，培养的是技术型人才，技术型人才以后大部分是进企业的，培养的是高技能人才，而不是研究性人才，学生主要培养在企业的动手操作能力。

（3）目前学校培养的人才是否适应经济的发展需求？如何改进？

答：肯定适应。职业技术学校培养的人才一定要适应经济发展的需求。专业每年都会调整，职业技术院校肯定要根据市场的需求。以前的热动专业，主要把学生送到供热公司，以前的供热公司是烧煤的，现在是天然气、石油和电，因此在专业设计上肯定会有不一样。比如服装设计专业，这与政府政策有关系，以前政策向导大力发展纺织业，因此出现一批服装设计专业，后来由于运输成本，中间造价太高，制定新政策，要把棉花等原材料运出去，在外地加工成衣服。根据政策的不同，市场需求的不同，服装设计专业招生需求就改变。

调研图片

采访人员：×××

7.4　基于兵团产业结构现状的兵团用人单位调研结果分析

在进行兵团高校调研的基础上，我们对兵团 10 个用人单位进行调研，旨在通过高等院校人才需求方的视角，了解高等教育人才供需情况，判断人才培养质量供给中存在的问题。

7.4.1　调研用人单位基本概况

我们对 10 个兵团用人单位进行了调研，分布在乌鲁木齐市（3 个用人单位）、石河子市（5 个用人单位）、阿拉尔市（2 个用人单位）。在被调查的单位中，70%的性质是国有企业，30%的性质是私营企业。所调查的用人单位包括金融业、工业、信息传输业、软件和信息技术服务业、城市供水和租赁与商务服务业。企业的规模也不尽相同，企业的人数从 22 人到 10000 人以上。

7.4.2　用人单位与高校合作的情况

在调查的用人单位中，50%的单位表明非常愿意与高校合作培养人才，30%的单位表明很愿意，20%的单位表明一般愿意。在关于用人单位为何与高校合作的原因中，70%的单位认为是院校拉动、提供人才和科研服务，20%的单位认为是政策及相关制度的要求下与高校合作。从用人单位每年招聘高校毕业生的需求量来看，60%的单位招聘量大概是 1 至 10 人，少数单位需求量较大，达到每年 100 人以上，而对于每年招聘的人数中本科和研究生较多，高职和中职的人数较少。在单位的招聘人员中，主要来自于兵团乃至新疆各高校，如石河子大学、塔里木大学、石河子职业技术学院、新疆大学、新疆财经大学等。在被调查的用人单位中，大部分单位认为高校学生的人际沟通能力、继续学习能力、专业知识水平和良好的职业道德对单位有很大的帮助作用。60%的被调查的单位主要通过为学生提供实习机会与高校合作，20%的单位以学校提供实训基地的方式与高校合作，30%的单位以委托学校进行员工培训的方式与高校合作，少数单位则是通过参与人才培养方案设计和实施的方式和学校形成合作关系。在调查影响与高校合作的因素中，80%的单位认为是高校与用人单位之间沟通不畅通，50%的单位认为合作双方职责分工不明确，30%的单位认为影响因素为单位应参与人才培养的经济损失得不到赔偿，20%的单位还认为影响因素是学生无法达到单位的要求而影响与高校合作。在探究用人单位与高校合作的效益问题时，30%的单位认为比较显著，40%的单位认为一般显著，而剩下的 30%的单位认为单位与高校合作的效益不太显著。

7.4.3 用人单位与高校合作的学生评价

在被调查的用人单位中，70%的单位每年会有 10 人以下的学生到该单位实习，20%的单位每年会安排 11 至 30 名学生在该单位实习。而对于实习时间，50%的单位安排实习时间为半年以下，而另外 50%的单位安排学生在单位实习时间为半年至一年。70%的单位中学生在单位实习后，留在单位工作的有 10 人以下，10%的单位在实习后留下工作的学生有 11 至 20 人，10%的单位中有 41 至 50 名学生留在实习单位工作，10%的单位会留有 50 名以上的学生在单位工作。对于单位实习期间，被调查的用人单位均认为高校学生主要存在流失率高，存在做不长久的问题，30%的单位还认为高校学生存在自我学习能力弱，岗位适应能力差的问题，40%的单位认为高校学生还存在职业道德素养不高，缺乏敬业精神。在研究单位参与学校招生、学生评价及考核方面的问题上，50%的单位认为应根据单位的岗位和用人标准，与学校共同探讨人才培养方案的、制定及考核，40%的单位认为应涉及参与学生的校内实践教学评价和参与学生到单位岗位实习评价，30%的单位认为应参与学生的招生录取到入学学习。

7.4.4　教师到用人单位实践的情况

在被调查的用人单位中，70%的单位中每年没有高校教师到该单位实践，30%的单位每年有 5 人以下的高校教师到该单位实践，其中 20%的单位中高校教师实践时间周期为 3 个月，10%的单位中高校教师到单位实践时间的周期为 6 至 12 个月。20%的单位表示每年高校派遣教师到单位实践的方式是考察、专业见习、实习指导，还有单位顶岗培训项目的方式，10%的单位表示高校派遣教师去单位实践是单位岗位兼职和脱产到单位挂职的方式。30%的单位提供给教师单位实践的安排与管理方式是单位安排了详细的实践计划与任务，10%的单位安排了专业对口的指导老师，对教师与员工一样进行监督、管理及考核。调查显示，仅有 10%的单位参与教师专业水平评价，说明单位对于参与教师评价的参与度不高。参与教师评价的单位在评价教师专业水平方面包括深度参与教师学校专业论证、课程设置、人才培养方案制订等。

7.4.5　用人单位对未来岗位的动态调整情况

在被调查的用人单位中，90%的单位认为单位的岗位设置满足当地产业结构升级的需要，如果单位对现岗位设置不满足，有 60%的单位认为在招聘岗位的调整上应提升岗位学历的门槛，40%的单位认为在招聘岗位的调整上还应扩充岗位种类，增加岗位用工数量和提升岗位职业资格的进入门槛。在探究用人单位对于未来人力资源发展适应当地产业结构升级的需要的规划方面，70%的单位认为应加大与高校合作力度，培养对应人才，积极联合行业，对相关人才质量的资格认证及专项职业能力考核制度进行探讨，开辟高技能人才培养的多种途径，60%的单位认为应积极向当地政府反馈单位发展及岗位用人情况，并申报相关的制度保障，激励单位开展与高校的合作，50%的单位认为应加大对本单位的经营理念的社会宣传，吸引人才。

第8章 适应兵团产业结构升级的高等教育供给侧结构性改革的总体思路与措施

8.1 研究结论

由上述分析主要得到以下研究结论：

（1）劳动力质量的高低往往对地区经济的发展起重要的支撑作用，而现阶段兵团经济发展的特性以及三次产业在经济发展中的占比反映了兵团经济发展过程中存在一定程度的不合理性，而其产业结构的变动又无法快速改变当前高等教育类别结构、高等教育层次结构的变化，这也导致兵团高等教育的发展与兵团社会经济发展存在一定程度的脱节。

（2）考察期内兵团高等教育供给结构不断优化，但总体水平仍然偏低，兵团产业结构逐渐趋于合理化与高级化。考察期内兵团高等教育供给结构与产业结构升级两者间的协调度水平呈上升态势，高等教育供给结构与产业结构高级化间的协调水平涨幅要大于高等教育供给结构与产业结构合理化间的协调水平，但兵团高等教育供给结构与产业结构升级的协调度水平处于濒临失调状态，使得高等教育结构与产业结构升级无法形成良好的适应关系。

（3）从兵团三所高校学生的调查可知，大多数学生期望就业方向为吸纳能力较强的第三产业，第二产业和第一产业的期望值较低。高校教师教学水平与专业知识不能较好地满足创新对学生高层次人才和高技能应用型人才的培养需求，作为高等教育供给侧重要要素的教师的教学水平和专业知识需要不断提升，重理论轻实践的教育模式难以培养出实践技能强的学生，并且高等教育供给低质量低效率不能满足社会经济发展的需求，大部分学生认为兵团教育改革应以产业结构发展的社会需要为导向。从兵团高校的教育管理者的访谈可知，学生的就业情况整体情况较好，但受地理环境、个人能力与个人定位的影响，与其他省份的就业机会还存在一定的差距。兵团高校为适应当地产业结构升级的需要，对专业进行动态调整或增设新专业，扩大理工、农、医、教育类专业的招生，稳定发展文科类专业，加大教师的引进力度，加强双师型队伍的建设，强化实习实训基地建设，加大培养应用型人才。从兵团用人单位的调查可知，兵团用人单位与高校之间双方职责分工不明确是造成双方沟通不畅通的主要原因，受院校拉动、提供人才和科研服务的影响，用人单位愿意与高校合作培养人才，单位招聘多以本科生和研究生为主，用人单位更看重学生的人际沟通能力、继续学习能力、专业知识水平和良好的职业道德，而学生的职业道德素养欠缺、缺乏敬业精神、学生自我学习能力弱、岗位适应能力差是目前学生实习中存在的主要问题，多数单位认为应根据单位的岗位和用人标准，与学校共同探讨人才培养方案的修订、制定及考核，在招聘岗位的调整上认为应提升岗位学历的门槛，加大与高校合作力度，培养对应人才，积极联合行业，对相关人才质量的资格认证及专项职业能力考核制度进行探讨，开辟高技能人才培养的多种途径。

8.2 适应兵团产业结构升级的高等教育供给侧结构性改革的总体思路

兵团高等教育供给侧结构性改革既是对高等教育发展路径选择的思考，也是对高等教育改革实践中具体问题的理解与反应，经济社会的发展与高等教育的发展是相互促进、互为支撑的关系。因此，面对当前兵团产业结构转型升级的新要求，必须进一步系统设计、深入推动，以制度创新激发教育活力，优化配置高等教育资源，为经济社会发展提供更好的智力支持，助推经济发展方式转型和产业结构升级，鉴于此，高等教育供给侧结构性改革的总体思路须从三方面进行：一是提高高等教育供给端的质量、效率和创新性，使其更贴近当前人们对教育的消费需求，做到既能满足个体发展的需要，又能对准未来社会的需求；二是丰富教育供给结构，为学生提供丰富多样的教育资源、教育环境和教育服务模式的新供给侧结构，替代和打破原有的单一培养模式、统一的课程资源等；三是对高等教育供给侧改革保驾护航，需要对其体制和机制进行改革。

8.3 适应兵团产业结构升级的高等教育供给侧结构性改革的具体措施

8.3.1 提高供给质量是改革的核心

高等教育供给质量是高等教育的生命线，是高等教育改革和发展的出发点与归宿，关系到高校的生存和发展，改革的一切工作都要围绕教育供给质量这个中心环节。习近平总书记指出，要推进教育改革，提高教育质量，培养更多、更高素质的人才，2020 年全国教育工作会议强调"高等教育要在高质量内涵式发展上下功夫"，可见，国家对于教育质量的重视达到了前所未有的高度。通过教育培养高层次人才成为教育教学的首要目标，具体来说：

（1）重视学生综合能力的提升，提高人才培养质量。

教学是高等教育的核心环节，教学水平的优劣关系着教育质量的高低，通过调查发现，目前调查学校课堂教学仍以理论教学为主，教师教学水平一般，忽视人文素质教育，缺少对学生思维能力、自我学习能力及创新能力的锻炼，致使学生毕业后的继续学习能力、岗位适应能力不够，职业道德素养欠缺。随着社会文明的发展，人们对知识的需求有增无减，社会对学生自身的人文素养及对教师的教学方式方法、教学水平和专业知识等方面都提出了更高的要求，为促进学生综合能力的提升，这就需要学校加强实践教学、重视人文素质教育、改进教学方式方法，同时为给学生自主学习提供更丰富的教育教学资源，教师可将教育教学资源内容融入共享平台，学生通过平台自主学习，也提高了教育教学资源供给的质量和效率。

（2）加强专兼职师资队伍建设，保障人才培养所需源头上的智力支撑。

教师队伍是高等院校学生有效培养的重要影响因素，充足的教师数量是高校的办学保障，优秀的师资质量是提高人才培养质量的关键。第一，持续加强教师队伍的规模建设。政府完善高校教师相关保障条例，推进高校教师队伍建设，同时，注重兼职教师队伍的扩大。院校实现与用人单位的良好互动，依据自身发展及学生培养需求，专设流动岗位，大力引进用人单位一流人才，吸引具有创新实践经验的企业家、高科技人才、高技能人才等兼职任教，完善院校兼职教师队伍建设。不仅如此，兵团还需要加大人才优先发展战略，通过高层次创新人才培养、产业建设人才培养、社会事业人才培养、青年人才培养、人力资源服务产业等工作的实施，为高等教育的发展改革提供源头上的智力支撑和提升人才培养质量作保障。第二，加强教师队伍的质量提升。首先注重高校教师自身质量的提升，各层次教育都应根据自身发展特点提升相应的师资水平，本科层次和研究生层次的教育更注重专业知识的学习和学术研究，对教师的专业能力要求较高，学校应定时对教师进行定期培训，健全教师分类管理和评价办法，鼓励教师再次进修，提升专业水平；专科层次的教育更注重技能的培养，高校应该建立相关工作机制，使教师和用人单位做到良好对接，定期去用人单位实践或顶岗实习，促使学校建设一支满足应用型人才培养需要的双师双能型教师队伍。

（3）加大经费投入力度，拓宽经费投资渠道，保障人才培养的经费供给。

充足的教育经费是提升兵团高等教育供给质量的前提条件和基础保障，政府应该加大对兵团高等教育的经费投入力度，保证人才培养经费的充足供给。问卷调查中发现大学教学管理主要问题的回答中，有近50%的学生对学校硬件配套设施、后勤服务、住宿条件以及饮食条件不满意，反映出兵团在高等教育资金投入方面不足，因而，政府要加大经费投入力度。政府是教育投资的主体，首先，应该在科学合理的范围内加大高等院校基本建设的经费占比，提升学生对院校教育基础设施、教学配套设施和教育教学环境等的满意度；其次，增加经费投入渠道，不能仅仅依靠政府拨款推动兵团高等教育的发展，而应该面向全社会，号召各界对教育事业进行投资，可以通过创立公益性基金会等形式，带动企业、社会和个人都能参与到高等教育事业建设中来，确保教育经费的重组供给；最后，高等院校自身也要保障经费的合理配置和有效利用，在保持教育经费稳定增长的同时，还应加强政府部门和社会的监督作用，确保经费与教育规划的合理衔接与使用。

（4）搭建优质教育资源共享平台，保障人才培养的软件与硬件环境。

教育资源是教育系统的基本构成要素，通常是指课程资源、教师资源和物质资源，是高等教育人才培养活动开展的基础。为切实保障教育资源在人才培养中的充分使用，优化人才培养的硬件和软件环境，更好地提升教育资源利用率，应形成以课程资源为核心，教师资源、学科资源、条件设施资源协同共享的资源供给结构。首先，应顺应"互联网+"的发展走向，着力改善教育教学信息化条件。其次，围绕兵团发展战略的重点产业，统筹区域内的优质教育资源，明确课程、师资、学科及条件等方面的共享内容，避免教育资源的重复建设；再次，开设资源共享门户网站作为优质资源的集散地，优化资源供给途径，提升资源供给效率。最后，为了充分调动资源共享相关主体的积极性，制订院校、教师、学生、管理人员等四类激励机制，形成"院校乐意共享，师生积极应用"的政策驱动环境。

8.3.2　调整供给结构是改革的关键

调整和优化高等教育的层次结构、学科结构、布局结构、类别结构，使高等教育的专科、本科和硕士的层次结构比例科学合理并与社会一定时间和空间内的经济发展相匹配，为经济供给侧结构性改革提供所需的技术型、技能型、学术型和创新型等不同层次、多元并举的发展性人才；从学科结构上让高等教育的基础学科、应用学科、自然学科、社会学科以及人文学科之间比例适宜，使高等教育在理性发展的同时既适应当前改造自然和社会发展的需要，又能引领人类反思自身和社会发展；在布局和类别结构上充分考虑"要素禀赋""公平与效率"及"区域社会需求"等实际，做到主次突出、优先发展与后发促进有机结合，形成多元主体和社会力量共同参与和举办的多元贯通的立交桥式高等教育系统。

（1）以从业人员的需求结构变化为依据，优化兵团高等教育层次结构。

从业人员的需求结构变化，是兵团高等教育供给侧结构性改革的方向，上述实证分析结果表明，产业结构与高等教育层次结构相互影响，前三年内产业结构的变动对普通高等教育层次结构有决定性的影响，前四年内高等教育层次结构的变动能促进产业结构的升级，对此，兵团应密切关注市场经济竞争和科学技术的发展等因素对人才需求层次结构及从业人员层次结构的变化带来的影响，加强对不同教育层次结构设置的宏观指导。兵团教育主管部门应为专业设置和规划提供全方位的信息服务，宏观指导高校进行层次结构调整，为高校专业规划发展提供决策依据，避免由于信息不对称而造成高校不同层次教育的盲目性，避免造成人才资源的过度生产而导致的人才供给层次结构与市场需求不匹配。当前，本科生理论知识不扎实，动手操作技能不强，而高等专科学生供给不足，与兵团现代化工业和现代化农业发展需求的人才层次不相适应。在未来高等教育层次结构要适应不断变化的产业结构和人口职业结构，不仅要考虑当前人口从业结构的需要，而且要考虑人口从业结构发展变化的趋势，为经济的发展提供更多高素质的从业人员。

第一，提倡高等教育层次均衡化，避免过度高等教育。

高等院校和教育、劳动就业等职能部门依据各类职场需求的人才层次，每一学年出具就业指导报告，指引各层次高等院校学生就业，避免教育资源的浪费。提倡各层次人才在各个行业岗位上人尽其才，物尽其用，避免人才的大材小用。

因此，要推进兵团各层次高等院校均衡化发展，注重内涵式发展，提高各个层次人才培养质量，研究生教育注重理论知识的研究和应用，本科生教育注重知识的应用教育，高等专科教育注重技能的运用教育，使每一位受教育者都能有所成。鼓励部分本科院校的应用转型，注重培养劳动者技能的职业教育发展，提高本科生与研究生的入学门槛，避免本科生与研究生的过度教育，从而使得本科教育与高等专科教育均衡发展，适应人才市场需求的层次结构。

第二，完善高等教育层次体系，各层次高等教育有效衔接。

高职教育的"单向断头"教育趋势依然存在，有必要进一步提升教育层次，因而，采取有效措施推进"普职融通"，打破不同类型、不同区域和不同层次教育间的"单向断头"状态，形成类型层次更加丰富多样、人才成长晋升通道更加顺畅的中职、高职、本科和研究生教育的立交多元高等教育体系，发展本科层次职业教育，引导一些普通本科高等学校向应用技术类型高等学校转型，重点举办本科职业教育，加快高职专科教育院校与应用型本科教育院校之间有机衔接，扩大和丰富教育的有效多元供给，满足经济转型调整、产业升级改造的需求。

（2）宏观指导学科专业结构调整，优化兵团高等教育学科结构。

兵团教育主管部门应为专业设置和规划提供全方位的信息服务，宏观指导高校的学科专业结构调整，为高校专业规划发展提供决策依据，对人才培养方向进行精准定位，实现人才培养的有效供给和精准供给，避免由于信息不对称而造成高校专业设置和专业建设的盲目性，使我国的人才培养更具有针对性和竞争力。

第一，围绕经济社会发展空间格局不断调整学科专业布局。

结合兵团高等教育实际，围绕经济社会发展空间格局不断调整学科专业布局，优化高校区域发展策略。应根据南北疆兵团产业和人口职业结构，将学科专业布局建设与区域特色产业和重点发展战略有机整合，重点发展面向兵团支柱产业、特色产业的优势专业，处于不同层次和水平的高校对专业发展的重点要进行合理的分工，要体现高校发展的专业特色和学科优势，推动兵团高等教育的多元化协调发展，协整高等教育科类结构，突出不同区域学科特色化建设，及时淘汰与兵团经济社会发展战略不匹配的专业，构建动态开放的专业设置及调整机制，加大对传统专业的改造，面向产业转型升级和新兴行业孵化新专业，实现人才培养的有效供给和精准供给。

第二，设置适当超前于产业的学科结构，并且促进学科交叉融合。

从学科结构与产业结构的关系来看，发达国家的高等教育学科结构能都主动适应甚至超前于产业结构的调整。兵团高等教育也要借鉴发达国家经验，聚焦建设学科，整合各类资源，瞄准国家重大战略和学科前沿发展方向，将学术探索与服务兵团需求紧密融合，着重围绕大物理科学、大社会科学为代表的基础学科，生命科学为代表的前沿学科，信息科学为代表的应用学科，组建交叉学科，促进哲学社会科学、自然科学、工程技术之间的交叉融合，立足学校办学定位和学科发展规律，打破传统学科之间的壁垒，处理好交叉学科与传统学科的关系，促进基础学科、应用学科交叉融合，在前沿和交叉学科领域培植新的学科生长点。以适应未来的产业结构转型升级。

（3）整合疆内疆外教育资源，优化兵团高等教育布局结构。

目前兵团的高校主要集中在北疆地区的乌鲁木齐市、石河子市，其他师市还较为缺乏。兵团高等教育是在一定的地理位置上实现的，合理的区域布局能够形成兵团范围内良好的高等教育结构，对兵团的经济发展起到很好的推动作用。为了更好地优化兵团高等教育布局结构，需要打破目前兵团高等院校布局结构僵化的局面，这需要由国家教育部等教育职能部门联合新疆地方与兵团的教育部门整合疆内教育资源，同时依据各地州和各师市产业结构的调整，长远规划高等院校在各个地区的布局结构，实现兵地高等教育融合发展，达到兵团乃至新疆经济社会长远发展的目标。

第一，建成与丝绸之路经济带核心区建设相适应的南北疆兵团高校群。

以新疆丝绸之路经济带"五大中心"建设为立足点和出发点，在兵团各个师市加快形成优秀医疗人才、交通运输、国际贸易与物流、教育文化、金融经济人才的密集区的目标，充分考虑兵团要素禀赋和社会需求等实际，优先发展北疆地区教育基础较好的兵团师市，后发扶助其他师市以及新疆其他地州，着力推进兵团高等教育向南发展。整合优秀师资，积极提升高等教育层次，逐步形成层次较为完整、专业类别较为齐全、优势互补的"高校群"，尤其是以北疆兵团的石河子大学为中心，抓住国家统筹推进一流大学和一流学科建设的契机，发展适应北疆的经济、金融、高端装备制造、信息技术等产业的"高校群"，以南疆兵团的塔里木大学，发展适应兵团旅游、矿产、纺织、国际贸易等产业的"高校群"，完善兵团高等教育区域结构为兵团的经济发展提供有利支撑和长远保障。

第二，鼓励师市兴办"社区学院"，实现高等教育区域结构的均衡化。

目前兵团的高等教育系统仍然存在过分倚重正规教育的现象，而对非全日制教育、职业培训、继续教育等教育形式重视不够。因此，大力发展多种形式的高等教育，特别是与师市经济联系密切的行业所需人才的中短期培训及继续教育应当成为今后高等教育新的增长点，也应当成为政策制定的重点方向。美国等发达国家都通过兴办"社区类"学院来实现高等教育区域结构的均衡化，"社区类"学院以其投资省、见效快、机制灵活、实用性强等特点，不仅对高等教育大众化起到积极的作用，而且还有利于推动当地产业结构的升级。

兵团的"社区类"学院尚未起步，可以在兵团几个师市试点，根据其产业发展特点及产业发展需求吸收社会人员再教育以便减少社会闲散人口，同时，吸收企业工人再教育以便更好地服务企业，提高企业的劳动生产率。

第三，南北疆兵团的高等教育资源共享，助力兵团高等教育向南发展。

目前，兵团优质高等教育资源主要集中在北疆地区，一是可以通过北疆兵团的院校和疆外院校在南疆兵团院校开设分校区，将适应南疆兵团产业的专业分设到南疆兵团，以带动南疆兵团高等教育的发展；二是北疆兵团教师和疆外高校教师可以在南疆兵团的学校挂职，定期去南疆兵团讲授课程，让南疆兵团的学生享受优质的教育资源；三是南北疆兵团高校间或者疆内外高校定期举办学术、竞赛等活动，增进学生间的交流与教师间的合作。

（4）以产业结构升级为导向，优化兵团高等教育类别结构。

产业发展过程中新旧产业的交替需要相协调的人才结构，新产业的发展需要人力资源保障，因此，产业结构升级的方向则决定着兵团高等教育供给侧结构性改革的方向。由前实证分析结果表明，前四年内高等教育类别结构的变动会对产业结构有影响，对此，要以产业升级为导向，加强高等教育资源要素之间的统筹、整合，在对产业升级方向合理的预测过程中，兵团高等院校开设的专业、类别设置应进行相应的调整，逐步形成区域特色鲜明、优势突出、综合性和专门性有机结合的高等教育类别结构体系，增加与之相适应的专业设置，这也为兵团产业结构发展提供充足的人力资源储备。

第一，进行短期产业预测，优化高等教育类别结构。

短期产业预测就是借助于大数据技术，建立兵团与各师市间产业结构、各类高校毕业学生和人才流动等方面的大数据库，分析与预测不同产业的人才需求类别，引导高等院校学生就业。目前来看，将兵团的工业打造成主导产业，深化发展现代化农业，同时发展轻纺工业带动就业。工业是资本密集型和技术密集型产业，这类产业主要集中在北疆地区，那么对应就要大力发展普通高等教育。扩大普通高等教育的招生，引入优秀的师资，尤其是在理工科方面要着力发展相关学科，提升办学水平，在工业互联网、人工智能智造等基础性研究和应用型研究方面着重投入科研经费，确保兵团工业的长足发展。现代化农业和轻纺工业是技术密集型和劳动力密集型产业，这两类产业在南北疆兵团均有分布，那么南北疆兵团尤其南疆兵团要大力发展高等职业教育，深化办学内涵，把产业实践和教学理论结合起来，特别是在职业教育领域内发展相关学科，培育现代化农民和工人，为现代化农业源源不断输送实践型人才。

第二，进行长期产业预测，优化高等教育类别结构。

长期产业预测就是要根据兵团产业结构升级趋势，通过宏观调研，监测不同产业的人才供求情况，并依据产业发展趋势对人才的需求类别结构进行预测，为高校类别结构的调整提供可靠支撑，以满足产业发展对高质量人才的需求。新疆不仅与中西亚众多国家接壤，更是处于"一带一路"的核心区，长期的产业预测要与国家产业分工相结合。随着其他省份人口红利的消失，各类生产成本的提高，劳动力密集型产业势必转向西部地区。从可以预见的未来看，兵团应该以布局现代高等职业教育为抓手，应用型普通高等教育为重点。

8.3.3 创新体制机制是保障

高等教育供给侧结构性改革的实质是通过机制体制的变革，使其成为创新人才的培育所、经济发展的助推器、科技转化的智囊团，创新机制体制不仅能激发系统办学活力和提升教育教学质量，还能提高科技创新和服务社会能力，实现高等教育在更高水平上的供需平衡。

（1）落实和扩大办学自主权。要借助高等教育治理体系和治理能力现代化建设，以高等教育领域的"管办评"和"放管服"改革为契机，扩大办学自主权，改革教育分级管理体制，理顺政府宏观指导、高校自主办学、社会第三方评估间的关系，建成"政府适度管教育，学校规范办教育，社会科学评教育"的和谐健康发展新环境，进而实现高等教育主动对接融入经济转型发展、产业结构升级，实现人才精准供给。

（2）变革管理评价监督机制。高等教育供给质量的准确评价和监督能够有效提升人才培养的质量，以章程和法治形式规范高等教育内部治理结构组织框架、运行机制和决策程序，完善优化学术科研、教学、社会服务管理制度和强化第三方监督评估机制，使高等教育的改革运行做到有章可循、有据可依。首先，遵循大学发展逻辑和人才培养规律，探索科学有效的管理评价标准，满足政府对高等教育学术研究和科学创新的期待，满足各行业企业对不同层次人才的需求，满足各层次学生实现自我价值的需要,保证评价体系的科学性、灵活性和时效性;其次,建立公开透明、可视化的质量监督体系,可以使第三方参与普通高校教育质量评估,建设网上教学评价平台、网上投诉平台等,以便评价者及时对兵团高校教育质量进行评估。

(3)变革办学体制和创新办学模式。要发挥南北疆兵团独特的边境区位优势,不断完善办学体制和创新办学模式,积极探索构建政府主导、社会积极参与、公办和民办教育共同发展且资源相互共享、多元合作、纵横贯通的契约化联盟办学体制。在办学资金筹措上探索建立统筹配置、风险共担、利益共享的投融资体制,以缓解当前投资主体单一所带来的投资不足问题。

(4)加快校内治理结构改革,推进人事分配制度改革。完善校内治理结构提升治理能力,不断激发和提升系统内供给输出活力,形成党委统一领导、校长主动负责、多方积极参与、民主监督有效的民主治理体系,从国家层面改革现行的单位管理和事业编制身份管理向合同管理转变,促进兵团高等教育系统内部人力资源的流动和优化,优化岗位聘用、激励的薪酬制度,对系统内不同系列人员的聘用、晋升、考核评价和管理实施精细化分类管理,以凝聚改革动力、推动高等教育内涵式发展。

附录 1 学生调查问卷

尊敬的各位同学：

您好！我们来自石河子大学，正在进行"兵团高等教育供给侧结构性改革与产业结构升级的适应性研究"的调查研究。本问卷采用不记名的方式填答，答案无对错之分。您真实的回答对我们的研究非常重要，所有问卷获得的资料仅供统计分析使用，请您放心填写，感谢支持！

填答说明：

1. 正常每个问题只能选择一个答案，如有多选项，题项中会标出。

2. 除在标明"＿＿"的问题上填写数字或文字外，其他均在相应的答案位置上打"√"。

调查员＿＿＿＿＿＿＿＿ 调查时间＿＿＿＿＿＿＿＿＿＿ 问卷编号＿＿＿＿＿＿＿＿＿＿

一、基本信息

（1）性别（   ）。

　1.男　　　　　　　　　2.女

（2）族别（   ）。

　1.汉族　　　　　　　　2.其他民族＿＿＿＿＿＿＿＿＿＿

（3）年龄（   ）。

　1.15～17　　　　　2.18～20　　　　　3.21～23　　　　　4.24 及以上

（4）政治面貌（   ）。

1.中共党员　　　2.群众　　　3.团员　　　4.其他

（5）当前学历（　　）。

1.专科　　　2.本科　　　3.研究生（含博士研究生）

（6）户籍所在地（　　）。

1.南疆　　　2.北疆

3.东疆　　　4.其他省份_____

（7）您的户籍性质是（　　）。

1.城市　　　2.农村

（8）您父亲所从事的职业是（　　），您母亲所从事的职业是（　　）。

1.行政机关　　　2.事业单位　　　3.企业

4.自由职业者　　　5.农民　　　6.其他

二、教育基本情况

（1）您就读的学校属于（　　）。

1.高职（专科）院校　　2.普通高等院校

3.211本科院校　　　4.985本科院校

（2）高中生源地来自于（　　）。

1.省会城市或直辖市　　2.地级市　　　3.县级市　　　4.其他

（3）您就读的专业是（　　）。

1.经济/金融/经济统计

2.会计/审计/物流/电商/财管/人资/市场营销/工商/管理类

3.农/文/史/法/哲/教育/艺术等学科类

4.计算机科学/电子科学/计算机网络等工程类

5.机械工程/电气工程/自动化等工程类

6.建筑/房地产/工程建设等工程类

7.生物/医学/制药类

8.数学/物理/化学/材料等学科

9.其他_____

（4）您对毕业后的职业生涯是否有所规划？（　　）。

1.没有规划，走一步算一步

2.我知道我将来要干什么，但是没有详细的规划

3.我有详细的规划，并在努力实行中

（5）您所学的专业是否跟您的职业生涯规划方向一致？（　　）

1.是　　　　　　　　　2.否

（6）您较倾向于从事哪个行业？（　　）

1.政府/科研/公共/其他　　　　　　2.IT/互联网/通信/电子

3.会计/金融/银行/保险　　　　　　4.广告/媒体/艺术/市场

5.管理/咨询/法律/教育　　　　　　6.建筑/房产/物业

7.化工/能源/环保　　　　　　　　8.机械/自动化/仪器仪表

9.医疗/器械/生物/制药　　　　　　10.快消/家居/办公/礼品

11.餐饮/旅游/休闲/服务　　　　　　12.生产/质检/贸易/物流

13.其他_____

（7）您期望的就业方向与您所学专业的相关程度如何？（　　）

1.非常对口　　　2.比较对口　　　3.基本对口

4.有一些关联　　5.毫不相关

（8）您希望毕业后去什么地区工作？（　　）

1.新疆地方　　　　2.兵团　　　　3.其他省份_____

（9）您对上述地区的选择最主要的原因是（　　）。

1.生活环境好　　　2.有较大的发展机会

3.良好的人才政策　4.看中创业环境

5.孩子教育　　　　　　6.父母养老问题

7.其他

三、教育评价和期望

（1）您所在学校允许学生在低年级转专业吗？（　）

1.可以　　　　　　　2.不可以

（2）您对本专业教学水平有何看法？（　）

1.教学水平较高　　　2.教学水平一般　　3.教学水平较差

（3）您觉得本专业老师知识是否丰富？（　）

1.老师专业知识丰富　2.老师专业知识一般　3.老师专业知识不足

（4）您认为自己所学课程价值如何？（　）

1.作用很大，对今后自身发展有较大帮助

2.有一些作用

3.没什么作用，仅仅是为了考试

（5）您认为大学课堂存在的主要问题是（　）。

1.教学目标不清晰

2.教学方法陈旧，教学效率不高

3.教师满堂灌，与学生互动较少

4.用视频代替演示实验

5.信息技术利用不充分

（6）本校是否开展第二课堂？（　）（如回答是继续下一题，否则跳至题 8）

1.是　　　　　　　　2.否

（7）您认为开展第二课堂过程存在的主要问题是（　）。

1.活动质量不高　　　2.相关制度不完善

3.找不到合适的活动素材，得不到重视

4.活动场地局限

5.活动时间有限

6.缺乏第二课堂专业老师指导

7.其他因素_____

（8）您认为大学教学管理存在的主要问题是（   ）。

1.管理模式的不当，与学生沟通不畅

2.教学硬件设施陈旧，学生埋怨满天

3.教学管理人员素质偏低，教学管理制度不健全

4.后勤服务质量偏低，食堂、宿舍配套设施陈旧

（9）您认为大学生课程安排中应该以基础教育为主，还是以专业教育为主？

（   ）

1.基础教育为主　　　2.专业教育为主　　　3.两者兼顾　　　4.无所谓

（10）学校开设的一些与专业无关，如人文素质选修课等课程您愿意去吗？

（   ）

1.愿意，能增强自身修养与素质

2.不愿意，太浪费时间了

3.无所谓

（11）您认为，大学里最重要的收获是什么？（   ）

1.就业所需的文凭　　　　　　　　2.专业的技能

3.合作与组织能力　　　　　　　　4.良好的思维方式

5.其他

（12）您认为现在政府对高校的管制对高校的发展有什么影响？（   ）

1.导致高校的高层官方化权力膨胀

2.提高学习成本，学费提高

3.发展模式千篇一律，没特点

4.教育者难以专注于教学，过于追求个人利益

（13）对于国外的教育模式，您认为哪些值得我们学习？（　　）

　1.教育普及全民教育

　2.采取远程教育模式

　3.以实践为主的教育模式

　4.高校自由入学模式（可休学创业再入学）

（14）大学同学毕业想继续深造，如果条件允许，你会建议他去其他省份学习吗？（　　）

　1.会　　　　　　　　2.不会

四、教育改革的关注和看法

（教育改革：如改善教育发展环境、改革人才培养模式、改革办学模式和相关教育制度等教育现状）

（1）您十分关注高等教育改革吗？（　　）

　1.十分关注　　　　2.较关注　　　　3.一般关注

　4.不怎么关注　　　5.不关注

（2）您关注教育改革最主要的原因是（　　）。

　1.关心国家大事是公民应做的

　2.教育改革与自身升学相关

　3.教育改革对我的日常学习有影响

　4.教育改革对我的亲友有影响

　5.老师或家长的要求

　6.其他

（3）您一般最关注教育改革中哪方面的信息？（　　）

　1.高考改革问题

2.上学难、上学贵的问题

3.因教育资源分配不均而产生的平等教育问题

4.校园安全问题

5.随迁子女入学问题

6.其他

（4）您主要是通过哪种途径了解到教育改革相关信息的？（　）

1.网络　　　　　　2.电视　　　　　　3.书刊和报纸

4.学校　　　　　　5.亲友　　　　　　6.其他

（5）您认为目前的高等教育改革对中国教育的作用和效果如何？（　）

1.有很好效果　　　2.有较好效果　　　3.效果一般

4.效果较差　　　　5.效果最差

（6）您认为进行教育改革的原因是什么？（**此项为多选**）（　）

1.教育是立国之本，改革是出于教育的重要性

2.教育改革能推动地方经济发展

3.当下，教育的目的被扭曲了，方向发生偏差

4.教育方式的单一，内容的片面

5.评估方式的不科学

6.教育资源不均衡等诸多不公平现象的存在

7.其他

（7）您是否认为当下的高等教育改革存在不足，若存在，是哪些方面呢？

（**此项为多选**）（　）

1.高等教育改革的方向不够全面

2.高等教育改革不适应当地产业的发展

3.高等教育改革的力度不够，不足以根除相关问题

4.相关体制不够完善

5.改革雷声大雨点小，地方很难彻底贯彻落实

6.其他

（8）您认为高等教育改革的重心应放在哪些方面呢？（**此项为多选**）（　）

1.改革应以产业结构发展为导向

2.教学方式、内容改革

3.入学制度改革

4.高考、考研等方式改革

5.教育资源再分配方面的改革

6.校园安全方面的改革

7.其他

附录 2 用人单位调查问卷

尊敬的企业领导：

您好！我们来自石河子大学，正在进行"兵团高等教育供给侧结构性改革与产业结构升级的适应性研究"的调查研究。本问卷采用不记名的方式填答，答案无对错之分。您真实的回答对我们的研究非常重要，所有问卷获得的资料仅供统计分析使用，请您放心填写，感谢支持！

×××

填答说明：

1. 正常每个问题只能选择一个答案，如有多选项，题项中会标出。

2. 除在标明"＿＿"的问题上填写数字或文字外，其他均在相应的答案位置上打"√"。

调查员＿＿＿＿＿＿ 调查时间＿＿＿＿＿＿＿ 问卷编号＿＿＿＿＿＿＿

第一部分 用人单位基本情况

（1）贵单位的性质（ ）。

　　1.政府机关　　　　2.事业单位　　　3.国有企业

　　4.合资企业　　　　5.私营企业　　　6.外资企业

　　7.其他＿＿＿＿＿

（2）贵单位所在地区＿＿＿＿＿＿＿＿。

（3）贵单位所属行业性质＿＿＿＿＿＿。

1.农、林、牧、渔业　　2.工业　　　　　　3.建筑业

4.零售业　　　　　　5.交通运输业　　　　6.仓储业

7.邮政业　　　　　　8.住宿业　　　　　　9.餐饮业

10.信息传输业　　　11.软件和信息技术服务业

12.地产开发经营　　13.物业管理　　14.租赁和商务服务业

15.其他未列明行业＿＿＿＿＿＿＿＿＿＿

（4）贵单位的人数有＿＿＿＿＿＿＿＿＿＿＿＿＿人。

第二部分　用人单位与高校合作情况

（1）贵单位与高校合作培养人才的意愿程度如何？

1.非常愿意　　　　2.很愿意　　　　　3.愿意

4.一般愿意　　　　5.不愿意

（2）贵单位为何参与高校合作？

1.政府牵引，政策支持经费鼓励

2.政策及相关制度的要求

3.院校拉动，提供人才、科研服务

4.贵单位可获取对口人才及员工的继续教育

5.贵单位认为是应承担的社会责任

6.其他＿＿＿＿＿＿＿＿＿＿＿＿＿＿＿＿

（3）贵单位每年人员招聘中，对高校毕业生的需求量为（　　）。

1.1～10 人　　　　2.10～20 人　　　3.20～30 人

4.30～50 人　　　　5.50～100 人　　　6.100 人以上

（4）贵单位每年人员招聘中，学历层次结构的人数?

A.中职＿＿＿＿＿人　　　　B.高职＿＿＿人

C.本科_____人　　　　D.研究生及以上_____人

1.1～10人　　　　2.10～20人　　　　3.20～30人

4.30～50人　　　　5.50～100人　　　　6.100人以上

（5）贵单位招聘的高校毕业生主要来自_____地区，

_____院校。（请自填）

（6）根据实际情况，下述高校学生的_____能力对贵单位有更大帮助作用？（请按需求程度在□中填写数字排序）

□专业知识水平　□人际沟通能力　□良好的职业道德　□岗前资格证书

□团队合作能力　□继续学习能力　□创新能力　　　□书面及口语表达能力

□职业实践能力　□计算机能力　　其他_____（如有上述选项之外的请自填）

（7）贵单位主要通过哪些形式与高校合作？（可多选）

1.为合作提供经费　　　　　2.为高校提供实训基地

3.提供兼职教师　　　　　　4.委托高校进行员工培训

5.为教师提供实践机会　　　6.与高校实施订单培养

7.参与人才培养方案设计与实施　8.为学生提供实习机会

9.其他_____

（8）贵单位认为影响与高校合作的因素主要有哪些？

1.学生无法达到贵单位的要求

2.贵单位因参与人才培养的经济损失得不到补偿

3.高校居于被动的位置

4.贵单位与高校之间沟通不畅通

5.高校与贵单位双方职责分工不明确

6.其他_____

（9）贵单位与高校合作的效益如何？

1.非常显著   2.比较显著   3.一般显著

4.不太显著   5.非常不显著

第三部分　用人单位与高校合作的学生评价

（1）每年安排在贵单位的实践的学生人数？

1.10 人以下   2.11～30 人   3.31～50 人   4.51 人以上

（2）每年学生在贵单位实践时间？

1.半年以下   2.半年至一年   3.一年至一年半

4.一年半至两年   5.两年以上

（3）在贵单位实习后，留在贵单位工作的学生人数？

1.10 人以下   2.11～20 人   3.21～30 人

4.31～40 人   5.41～50 人   6.50 人以上

（4）在贵单位实习期间，贵单位认为高校学生主要存在哪些能力的不足？
（多选）

1.专业技能不强

2.自我学习能力弱，岗位适应能力差

3.职业道德素养不高，缺乏敬业精神

4.流失率高，做不长久

5.人际关系处理不当，缺乏社会经验

6.其他_____

（5）贵单位参与高校招生、学业评价及考核涉及哪些方面？（多选）

1.参与学生的招生录取到入学学习

2.根据贵单位的岗位和用人标准，与高校共同探讨人才培养方案的修订、
制定及考核

3.参与学生的校内实践教学评价

4.参与学生到贵单位岗位实习评价

5.参与学生的毕业考核，乃至毕业后进入劳动力市场的职业生涯发展

第四部分　教师到用人单位实践情况

（1）每年是否有高校教师到贵单位实践？（如选"是"，请从（2）继续答题，如选否请终止）？

　　1.是　　　　　　　2.否

（2）每年高校派遣教师到贵单位实践人数？

　　1.5 人以下　　　　2.6～10 人　　　　3.11～15 人

　　4.16～20 人　　　5.20 人以上

（3）每年高校派遣教师到贵单位实践的周期？

　　1.3 个月以下　　　2.3～6 个月　　　　3.6～12 个月

　　4.12～18 个月　　　5.18～24 个月　　　6.24 个月以上

（4）每年高校派遣教师到贵单位实践的方式？（可多选）

　　1.考察、专业见习、实习指导

　　2.贵单位顶岗培训项目

　　3.贵单位岗位兼职

　　4.脱产到贵单位挂职

　　5.其他＿＿＿＿＿＿

（5）贵单位提供给教师实践的安排与管理方式？（可多选）

　　1.贵单位安排了详细的实践计划与任务

　　2.贵单位提供了必需的办公生活条件

　　3.贵单位安排了专业对口的指导老师

4.贵单位安排了专业对口的岗位

5.贵单位对教师与员工一样进行监督、管理及考核

6.其他_____

（6）贵单位是否参与教师专业水平评价？（如选"是"请继续下题；如选"否"请终止答题）

1.是　　　　　　　　2 否

（7）贵单位参与教师专业水平评价方面包括？（可多选）

1.深度参与评价教师高校专业论证、课程设置、人才培养方案制订

2.参与评价教师教材编写中涉及贵单位需要的教育教学等过程

3.参与评价教师在贵单位的实践能力

4.参与评价教师解决贵单位生产管理问题的能力

5.参与评价教师开展贵单位人员培训的能力

6.其他_____

（8）贵单位参与教师职业素养评价方面包括？（可多选）

1.业务水平　　　　　2.职业道德　　　　3.责任心、态度

4.人际交往、沟通、团队合作能力　　　　5.其他_____

第五部分　用人单位对未来岗位的动态调整

（1）目前贵单位的岗位设置是否满足当地产业结构升级的需要？

1.是　　　　　　　　2.否

（2）根据题（1），如果贵单位对现有岗位设置不满，将会做哪些招聘岗位的调整？（多选）

1.扩充岗位种类

2.增加岗位用工数量

3.提升岗位职业资格的进入门槛

4.提升岗位学历的进入门槛

5.其他_____

（3）针对未来人力资源发展适应当地产业结构升级的需要，贵单位将有哪些规划？（多选）

1.加大与高校合作力度，培养对应人才

2.积极联合行业，对相关人才质量的资格认证及专项职业能力考核制度进行探讨，开辟高技能人才培养的多种途径

3.积极向当地政府反馈贵单位发展及岗位用人情况，并申报相关的制度保障，激励贵单位开展与高校合作

4.加大对本单位的经营理念的社会宣传，吸引人才

5.其他_____

附录 3 教育管理者访谈提纲

（1）石河子大学目前开展的特色学科和专业有哪些？

_____

_____

_____

（2）学生的就业情况如何？主要分布在哪些岗位？

_____

_____

_____

（3）目前学校培养的人才是否适应经济的发展需求？如何改进？

_____

_____

_____

参考文献

[1]　伯顿·R·克拉克. 高等教育系统——学术组织的跨国研究[M]. 王承绪，
　　　徐辉，殷企平，等，译. 杭州：杭州大学出版社，1994.

[2]　迈克尔·夏托克. 高等教育的结构和管理[M]. 王义端，译. 上海：华东师
　　　范大学出版社，1987.

[3]　齐祖亮，刘敬发. 高等教育结构学[M]. 哈尔滨：黑龙江教育出版社，1986.

[4]　张德祥. 1998—2007 年中国高等教育结构发展变化的制度分析[J]. 中国高
　　　教研究，2009（12）：1-7.

[5]　朱艳，刘学智. 多重制度逻辑下中国高等教育结构变迁分析[J]. 现代教育
　　　管理，2015（12）：12-16.

[6]　褚宏启，贾继娥. 新型城镇化与教育体系重构[J]. 中国人民大学教育学刊，
　　　2015（04）：70-82.

[7]　龚森. 以供给侧结构性改革推动福建普通本科高校向应用型转变[J]. 教育
　　　评论，2016（10）：38-43.

[8]　彭静雯，肖岚. 江西省高等教育结构与区域经济协调发展研究[J]. 九江职
　　　业技术学院学报，2017（04）：4-8.

[9]　黄帅. "长时段理论"视域下法国高等教育发展结构因素研究[J]. 重庆高教
　　　研究，2019.

[10]　郭英. 基于主体功能区理论的高等教育布局结构调整[J]. 中国成人教育，
　　　2018（16）：43-45.

[11]　韩梦洁. 美国高等教育布局结构的历史变迁、现实状况及其影响因素[J]. 高

等教育研究，2018，39（12）：95-102.

[12]　王秀芳. 经济转型背景下安徽高等教育结构调整研究[D]. 蚌埠：安徽财经大学，2015.

[13]　付明，祁晓. 黑龙江省高等教育促进区域经济发展对策研究[J]. 经济研究导刊，2015（14）：154-156.

[14]　刘涛. 山东省高等教育与经济增长的动态关系研究——基于1981-2013年时间序列数据的VEC模型[J]. 当代教育科学，2016（01）：39-44.

[15]　杨青新，王素红. 河南省高等教育转型发展新常态构建研究[J]. 林区教学，2016（05）：114-115.

[16]　李仁君. 中国三次产业的资本存量测算[J]. 海南大学学报（人文社会科学报），2010，28（02）：47-52.

[17]　袁礼，袁景蒂，徐东波. 福建省高等教育结构现状分析及优化建议[J]. 上海教育评估研究，2018，7（05）：51-56.

[18]　张硕，孟佳娃. 吉林省经济增长对高等教育层次结构调整的作用机理研究[J]. 现代交际，2019（05）：19，18.

[19]　刘诚丽，刘海涛. 安徽省普通高等教育发展的现状、特征及趋势[J]. 安徽理工大学学报（社会科学版），2019，21（05）：85-91.

[20]　曲涛，王雪梅，陈婷婷. 海南省高等教育层次结构与产业结构相关性实证研究[J]. 现代教育论丛，2019（05）：58-67.

[21]　刘云生. 供给侧结构性改革：教育怎么办?[J]. 教育发展研究，2016（03）：1-7.

[22]　袁广林. 供给侧视野下高等教育结构性改革[J]. 国家教育行政学院学报，2016（06）：15-22.

[23]　姜朝晖. 以供给侧改革引领高等教育发展[J]. 重庆高教研究，2016（01）：123-127.

[24] 李莉，管理要. 人才供给侧改革下推进大学生就业创业教育的路径[J]. 西部素质教育. 2016（06）：21.

[25] 陈正权，朱德全. 高等教育供给侧结构性改革：目标、内容和路径[J]. 现代教育管理，2017（2）：23-29.

[26] 郭广军，赵雄辉，钟建宁. 新时代高等职业教育供给侧结构性改革路径与供需联动机制研究[J]. 教育与职业，2018（04）：5-11.

[27] 刘慧卿，赵劲. 我国高等教育供给侧结构性改革路径分析[J]. 国家教育行政学院学报，2018（3）：16-22.

[28] 燕晋峰，蔡文伯. 新疆高等教育结构与劳动力市场的关系[J]. 新疆职业大学学报，2013，21（06）：18-21.

[29] 贺芬，何碰成. 供给侧结构性改革视角下福建高等教育发展路径[J]. 教育评论，2016（12）：9-13.

[30] 吕晶晶. 高等教育供给侧改革研究——以四川高校为例[J]. 才智，2018（15）：125.

[31] 郑艳. 河北省高等教育供给侧改革与经济增长新动能培育研究[J]. 营销界，2019（29）：13-14.

[32] 赖星华. 河源市高等教育供给侧结构性改革路径——基于需求侧的视角[J]. 太原城市职业技术学院学报，2019（08）：118-120.

[33] 李玉华. 我国高等教育供给侧改革研究[J]. 教育探索，2016（05）：71-76.

[34] 程书强. 供给侧结构性改革视角下高等教育改革思路[J]. 国家教育行政学院学报，2016（08）：12-16，49.

[35] 张敏. 从就业视域看高等教育供给侧结构性改革[J]. 高教学刊，2016（15）：158-159.

[36] 李红. 供给侧改革背景下普通高校育人模式的探究[J]. 黑龙江高教研究，2017（12）：139-141.

[37] 唐杰. 地方高校产教融合的影响因素及模式创新研究[J]. 盐城师范学院学报（人文社会科学版），2018，38（06）：93-97.

[38] 夏素霞. 应用型高校深化产教融合内部调适的着力点[J]. 北京教育，2019（12）：29-32.

[39] 王颖，熊季霞. 地方本科院校"供给侧改革"面临的问题及对策建议[J]. 黑龙江高教研究，2018（01）：39-41.

[40] 刘婷婷. 高等教育供给侧改革对大学生就业问题探究[J]. 劳动保障世界，2018（23）：7-8.

[41] 张意忠. 高等教育供给侧现状、问题与改革思考[J]. 教育与教学研究，2019，33（01）：69-79.

[42] 谢冠华，詹勇. 供给侧改革背景下产学深度融合的机制与路径研究[J]. 高教学刊，2018（01）：42-45.

[43] Norman, Gemmel. Evaluating the Impacts of Human Capital Stocks and Accumulation on Economic Growth: Some New Evidence [J]. Oxford Bulletin of Economics and Statistics, 1996, 58(1): 9-28.

[44] Kerr C. The Uses of the University[M]. Harvard University Press, 1982.

[45] Chrys Gunasekara. The Third Role of Austrilian University in Human Capital Formation[J]. Journal of Higher Education Policy & Management, 2004, 26(3): 329-343.

[46] Jin HWA, Kang-SHIK. The Labor Market Structure of Knowledge-Based Industries: A Korean Case[J]. Journal of the Asia Pacific Economy. 2006, (11): 59-78.

[47] Rakesh Basan. An Arrested Virtuous Circle Higher Education and High-Tech Industry in India[R].Cape Town: Annual Bank Conference on Development Economics.2010, 6.

[48] Murali Patibanala, Rafiq Dossani. Preparing for a services economy: an evaluation of higher education in India[R]. Annual Conference of Industry Studies,2008,5.

[49] Acs G, Danziger S. Educational attainment, industrial structure, and male earnings through the 1980s[J]. Journal of Human Resources, 1993: 618 -648.

[50] 何菊莲，李军，赵丹．高等教育人力资本促进产业结构优化升级的实证研究[J]．教育与经济，2013（02）：48-55．

[51] 王燕，崔永涛，魏鹏飞．美国产业结构变迁对高等教育结构的影响——基于预期收入的角度[J]．教育与经济，2016（02）：74-81．

[52] 岳昌君．高等教育结构与产业结构的关系研究[J]．中国高教研究，2017（07）：31-36．

[53] 王成端，王石薇．区域高等教育学科结构与产业结构相关性分析：以四川省为例[J]．高等教育研究，2017，38（12）：51-55．

[54] 吴明洪．闽台高等教育结构与产业结构比较研究[J]．教育评论，2017（12）：85-88．

[55] 李英，赵文报．高校学科专业结构与产业结构的适应性研究[J]．科技管理研究，2007（09）：149-151．

[56] 杜传忠，刘忠京．我国高等教育结构与产业结构的适应性分析[J]．理论学刊，2014（09）：52-58，129．

[57] 刘瀑．经济发展方式转型期河南省高等教育发展研究——基于区域产业结构调整视角的分析[J]．郑州轻工业学院学报（社会科学版），2010（3）：111-115．

[58] 刘忠京，王毅．中国高等教育结构与产业结构的协同性研究——基于2004-2013年省域面板数据的实证分析[J]．教育学术月刊，2016（09）：10-15．

[59] 苏丽锋，陈建伟．产业结构调整背景下高等教育人才供给与配置状况研究

[J]. 中国人口科学，2016（04）：2-15，126.

[60] 雷云. 供给侧改革视域下区域高等教育学科结构与产业结构的适切性研究 [J]. 黑龙江高教研究，2017（03）：68-71.

[61] 姚静. 比较与借鉴：闽台高等教育学科专业结构与产业结构匹配度研究 [J]. 黑龙江高教研究，2017（06）：48-52.

[62] 姜璐，李玉清，董维春. 我国高等教育结构与产业结构的互动与共变研 究——基于系统耦合关系的视角[J]. 教育科学，2018，34（03）：59-66.

[63] 杨胜利，王伟荣，王艺霖. 供给侧结构性改革下我国高等教育结构与产业 结构耦合关系研究[J]. 石家庄铁道大学学报（社会科学版），2019，13（01）： 1-9.

[64] 熊枫，刘麦凯. 产业发展与高等教育专业结构设置之间的内在关系研究 [J]. 科教文汇（下旬刊），2019（02）：6-8.

[65] 漆向东. 教育结构应与就业结构、产业结构相适应[J]. 中国经济问题，2005 （01）：15-18.

[66] 金福子，崔松虎. 对河北教育结构、产业结构、就业结构的相关性分析[J]. 社 科纵横（新理论版），2009，24（04）：30-32.

[67] 马云泽，吴昊坤. 产业结构调整、高等教育改革与大学生就业[J]. 河南师 范大学学报（哲学社会科学版），2011，38（02）：116-119.

[68] 马力. 高等教育结构与就业结构、产业结构关联性研究[D]. 北京：首都经 济贸易大学，2016.

[69] 李长安. 高等教育结构优化、产业结构调整与大学生就业[J]. 山东高等教 育，2016，4（08）：1-10，101.

[70] 郝雷. 天津高等教育结构调整与大学生就业——基于产业结构升级的视角 [J]. 衡水学院学报，2017，19（1）：109-114.

[71] 周健. 产业结构优化与我国高等教育层次结构改革[J]. 中国农业教育，2008

（05）：36-37.

[72] 郑艳，陈丽红，段亚敏，等. 京津冀协同发展下河北省高等教育结构与产业结构关联度研究[J]. 河北地质大学学报，2017，40（02）：117-122.

[73] 闫卫华，蔡文伯. 新疆高等教育学科结构对产业结构的适应性分析[J]. 中国高校科技与产业化，2010（05）：46-47.

[74] 董莉. 陕西省产业结构与学科建设的协调性研究[D]. 西安：西北大学，2010.

[75] 许洪芳. 山东高等教育学科结构调整研究[D]. 济南：山东财经大学，2014.

[76] 吴雯雯，曾国华. 高等教育学科结构与产业结构适配问题——以江西省为例[J]. 教育学术月刊，2015（05）：37-45.

[77] 徐渡安. 地方高等教育学科结构与产业结构适切性研究——以安徽省为例[J]. 黑龙江工业学院学报（综合版），2019，19（09）：1-6.

[78] 顾明远. 教育大辞典：增订合编本[M]. 上海：上海教育出版社，1998.

[79] 马国泉. 新时期新名词大辞典[M]. 北京：中国广播电视出版社，1992.

[80] 韩梦洁. 高等教育与现代化建设的中美比较[J]. 重庆高教研究，2013，1（06）：11-14，18.

[81] 傅征. 高等教育结构与经济发展的协调性分析[J]. 武汉大学学报（哲学社会科学版），2008（02）：188-193.

[82] 徐军，曹方. 教育结构影响因素探析[J]. 高教论坛，2005（02）：7-11.

[83] 麻丽娟. 高等教育结构文献综述[J]. 科技视界，2012（04）：48-49.

[84] 曲建忠. 我国高等教育与经济发展协调性的定量评价[J]. 湖南社会科学，2013（01）：275-278.

[85] 张立新. 新兴城市高等教育与经济系统耦合协调度实证研究——以日照与威海两市2000～2011年的数据分析为例[J]. 大连理工大学学报（社会科学版），2015，36（1）：84-89.

[86] 付凌晖. 我国产业结构高级化与经济增长关系的实证研究[J]. 统计研究，

2010（8）：79-81.

[87] VEFIE. L. The Penguin Dictionary of Physics[M]. Beijing: Foreign Language Press, 1996.

[88] 谭峻，李楠，魏锜琀. 北京市土地利用协调度模拟分析[J]. 中国土地科学，2008（09）：38-42.

[89] 许爱景. 高等教育投入与经济增长的计量和耦合协调分析——基于中国省际面板数据的实证研究[J]. 山东财政学院学报，2011（05）：73-79.

[90] 周亮，车磊，孙东琪. 中国城镇化与经济增长的耦合协调发展及影响因素[J]. 经济地理，2019，39（06）：97-107.

[91] 穆彩娇. 黑龙江省高等教育结构与区域经济协调发展研究[D]. 哈尔滨：哈尔滨师范大学，2019.

[92] 苏金秋. 我国高等教育科类结构与产业结构的适应性研究[D]. 沈阳：沈阳师范大学，2019.

[93] 李昕蔚，童旭光. 教育发展给力供给侧改革[J]. 人民论坛，2017（31）：76-77.

[94] 吕航，陈蕾，谈镇，等. 高职教育技术型人才培养供给侧结构性改革的思考[J]. 职教论坛，2017（22）：62-66.

[95] 于斌斌. 金融集聚促进了产业结构升级吗：空间溢出的视角——基于中国城市动态空间面板模型的分析[J]. 国际金融研究，2017（02）：12-33.

[96] 白玲，张桂春. 产业转型升级背景下辽宁高职教育供给侧结构性改革[J]. 职业技术教育，2016，37（33）：69-74.

[97] 杨祖义. FDI 对制造业产业结构影响的 Sys-GMM 分析——基于省级行业动态面板数据[J]. 宏观经济研究，2018（08）：85-93，149.

[98] 熊花，黄弘. 产业转型升级视角下江西高职教育供给侧结构性改革探讨[J]. 职教论坛，2016（10）：65-69.

[99] 李绍明. 广东省高职教育供给与产业升级的匹配度研究——基于企业调研

的统计分析[J]. 中国职业技术教育，2013（18）：39-43.

[100] 李锦奇. 区域高等教育结构调整研究[D]. 武汉：华中科技大学，2010.

[101] 刘晴. 长三角地区高等教育与第三产业发展的协整关系研究[D]. 苏州：苏州大学，2009.

[102] 李蕴慧. 辽宁省高等教育布局结构研究[D]. 大连：大连理工大学，2015.

[103] 马永刚. 宁夏高等教育结构对经济发展的适应性研究[D]. 武汉：华中师范大学，2011.

[104] 闫亚林. 高等教育层次和科类结构研究[D]. 上海：华东师范大学，2005.

[105] 王锐鸿. 高等教育在区域经济发展中的作用研究——以山东省为例[D]. 武汉：武汉理工大学，2008.

[106] 王子晨. 高等教育与中国经济增长关系的测度研究网[D]. 合肥：中国科学技术大学，2015.

[107] 尹婧玮. 辽宁省高等教育与区域经济发展的互动关系研究[D]. 大连：东北财经大学，2016.

[108] 于跃. 辽宁省全日制教育硕士研究生培养质量认知现状研究[D]. 沈阳：沈阳师范大学，2018.

[109] 颜松漳. 广西高等教育科类结构与产业结构协调性分析[D]. 南宁：广西大学，2013.

[110] 张绍文. 大学学科竞争力研究——以"985 工程"大学为例[D]. 上海：华东师范大学，2016.

[111] 刘园园. 安徽省高等院校学科专业结构与产业结构的适应性研究[D]. 淮北：淮北师范大学，2016.

[112] 李欣. 河北省高等教育学科结构与产业结构调整的适应性研究[D]. 保定：河北大学，2017.

[113] 赵子鑫. 我国高等教育学科结构规模调整研究——基于产业结构、人口就

业结构的演化[D]. 兰州：兰州大学，2016.

[114] 干春晖，郑若谷，余典范. 中国产业结构变迁对经济增长和波动的影响[J]. 经济研究，2011，46（05）：4-16，31.

[115] 孙瑾，刘文革，周钰迪. 中国对外开放、产业结构与绿色经济增长——基于省际面板数据的实证检验[J]. 管理世界，2014（06）：172-173.

[116] 杨林，陈书全，韩科技. 新常态下高等教育学科专业结构与产业结构的协调性分析[J]. 教育发展研究，2015（21）：45-51.

[117] 蒋慧峰. 学科结构与产业结构的协调性评价与预测[J]. 现代教育管理，2015（01）：100-103.

[118] 杜瑛. 产业、人力资源就业结构演变背景下的高等教育科类结构调整——基于不同收入国家群组的比较[J]. 教育发展研究，2015，35（Z1）：29-35.

[119] 崔永涛. 我国高等教育学科结构调整研究——基于产业结构调整的视角[J]. 教育发展研究，2015（17）：8-14.

[120] 吴越，李春林. 多学科视角下的高等教育结构研究：国内文献述评[J]. 重庆高教研究，2016，4（04）：116-121.

[121] 胡德鑫，王漫. 高等教育学科结构与产业结构的协调性研究[J]. 高教探索，2016（08）：42-48.

[122] 楚永生，于贞，王云云. 人口老龄化"倒逼"产业结构升级的动态效应——基于中国30个省级制造业面板数据的空间计量分析[J]. 产经评论，2017，8（06）：22-33.

[123] 赵春燕. 人口老龄化对区域产业结构升级的影响——基于面板门槛回归模型的研究[J]. 人口研究，2018，42（05）：78-79.

[124] 李自琼，刘东皇. 我国农村消费结构与产业结构互动效应的区域测算[J]. 统计与决策，2015（24）：62-65.

[125] 吴瑾. 居民消费结构、产业结构与经济增长[J]. 经济问题探索，2017（12）：

18-22，180.

[126] 乔红芳. 福建省消费结构与产业结构互动的差异性研究[J]. 闽南师范大学学报（自然科学版），2018，31（03）：98-106.

[127] 陶长琪，彭永樟. 经济集聚下技术创新强度对产业结构升级的空间效应分析[J]. 产业经济研究，2017（03）：91-103.

[128] 黄明亮. 高等教育供给侧改革面临的矛盾及对策[J]. 中国成人教育，2018（02）：26-29.

[129] 郭华瑞，胡春晓. 江西省高等教育人才培养与经济发展现状的相关性分析[J]. 教育与教学研究，2018，32（04）：34-40，124.

[130] 王丹黄. 高等教育集聚、区域创新绩效对产业结构升级的影响分析[D]. 南昌大学，2018.

[131] 徐岚，朱瑶丽. 产业结构升级下高等教育学科结构的优化——基于供给侧视角[J]. 教育与考试，2018（03）：74-80.

[132] 姜璐，李玉清，董维春. 我国高等教育结构与产业结构的互动与共变研究——基于系统耦合关系的视角[J]. 教育科学，2018，34（03）：59-66.

[133] 何晓芳，宁桂玲，孟长功. 高等教育供给侧结构性改革的现实矛盾——以工科教育为例[J]. 清华大学教育研究，2018，39（06）：96-102.

[134] 杨胜利，王伟荣，王艺霖. 供给侧结构性改革下我国高等教育结构与产业结构耦合关系研究[J]. 石家庄铁道大学学报（社会科学版），2019，13（01）：1-9.

[135] 徐秋艳，房胜飞. 高等教育供给结构与产业结构升级的耦合协调性分析[J]. 统计与决策，2019，35（08）：56-59.

[136] 高书国，李捷，石特. 新时代中国高等教育结构调整的战略研究[J]. 高校教育管理，2019，13（03）：1-9.

[137] 何宜庆，吴铮波. 高等教育发展、技术创新水平与产业结构升级——基于

长江经济带的空间效应研究[J]. 高校教育管理，2019，13（03）：79-88，96.

[138] 张云霞. 论高等教育供给侧结构性改革——以高等教育供求主要矛盾演进为视角[J]. 未来与发展，2019，43（05）：13-19，7.

[139] 杨胜利，柴芳园，王艺霖. 我国产业转型升级与高等教育协调发展测度研究[J]. 经济论坛，2019（05）：69-78.

[140] 李秋霖. 辽宁省高等教育科类结构与区域产业结构的关联性研究[D]. 沈阳：沈阳师范大学，2019.

[141] 魏颖. 从高等教育结构视角探究服务京津冀区域人才培养的模式[J]. 当代教育实践与教学研究，2019（14）：95-96.

[142] 成喜玲，姜琥. 陕西高等教育发展与产业结构优化互动关系研究[J]. 智库时代，2019（43）：153，155.

[143] 魏莉娜. 高等教育结构与产业结构的关系研究[J]. 中外企业家，2019（33）：181.

[144] 刘芳，王云中. 江苏高等教育与经济发展水平协调度研究—基于改进熵-耦合模型[J]. 长春理工大学学报（社会科学版），2019，32（06）：121-127.